医者が教える
非まじめ老後のすすめ

よみうりランド
慶友病院
大塚宣夫

PHP

はじめに

私が医師として老年医療に携わるようになってから、今年で38年が経ちます。１９８０年に青梅慶友病院を、２００５年によみうりランド慶友病院を開設し、これまで延べ1万8０００人の高齢者の方をお迎えしました。そして、８５００人の方の最期をみてきました。

仕事柄、たくさんの高齢者の方と接してきて、そして私自身が76歳という年齢になって気づいたことがあります。

それが、**歳をとったら「まじめをやめたほうがいい」ということです。**

晩年を悔いなく豊かに生きるには、ずばり「非まじめ」でいることが大切だと痛感しています。

元来がまじめな我々世代は、「不まじめ」というと、単にまじめでないという印象で道徳的に抵抗がある方が多いのではないでしょうか。ですが、「非まじめ」とは〝まじめに非ず〟。**ちょっとだけ手を抜いてまじめをやめてみる、老後に向けて意思をもってまじめをやめようよ、ということです。**

本書では、次のようなことをおすすめしています。

・風呂に入るのは、3日に一度で十分。

・起きたいときに起き、寝たいときに寝たらいい。
・栄養バランスより、食べたいものを食べなさい。
・老人は、ドタキャンしてもOK。
・財産は残さず、使い切るのが子どものため。
・愛情だけで介護はできない。頼りになるのは第三者。

どれも、社会的に常識とされることからは、かけ離れていると感じられるのではないでしょうか。

これまで仕事のため家族のために周囲に気を遣い、したくないことでも頑張ってやってきた方々の中には、「歳をとってもかくあらねばならぬ、周りに迷惑をかけずきれいに人生を終えたい……」といった思いもあると思います。

でも、そんな思い込みや常識を、いったん捨ててみませんか。

歳をとってからは、心と体の健康のためにも、老後を豊かに過ごすためにも、ちょっと手を抜き、考え方を変えてみることが大いに役立ちます。そんな「老後を非まじめに生きるコツ」をお伝えしたいのです。

今日がいちばん能力が高い日

一方で、歳をとると、億劫なことやできないことが増えてくる。これは私自身もそうですし、実感される方が多いと思います。

ですが、これも考え方を変えれば、「今日がいちばん能力が高い日」とも言えるのです。

明日になれば、今日にくらべて体力も気力も落ちていく。ということは、今日が最良の日。それが人生のてっぺんかどうかは別にして、「今日がいちばんピークなんだ」と思っていれば、将来のことをあまり憂えなくてもいいと思うのです。

となれば、今すぐ、したいことをやりませんか。3年後にとか、長生きしたらとかではなく、「今」です。我々老人にとっては、今が一番元気なときなのですから。

お金や介護、老後の不安に押しつぶされながら、取り越し苦労をするのはもうやめましょう。周囲にいくらか迷惑をかけたっていい、ほんの少し自分勝手に生きたっていいではありませんか。

今したいことを楽しんで、したくないことはやらなくていい。歳を

とった今こそ、発想の転換をする時です。

老いの不安が軽くなり、心がラクになる楽天的老後論。読者の方のヒントとなれば幸いです。

2018年12月

大塚宣夫

もくじ

1章 歳をとったら、したくないことはやらなくていい

2章　夫婦は近寄り過ぎないほうがいい

3章 健康を気にしないほうが長生きできる

4章 家族もお金も割り切りでうまくいく

5章　今こそ本気で「死に方」を考えよう

ブックデザイン
鈴木千佳子

本文ＤＴＰ
宇田川由美子

編集協力
田中美保

1章

歳をとったら、したくないことはやらなくていい

歳をとっても
元気でいたければ
非まじめ老人になれ。

〇一

憎まれっ子は世にはばかる

作家の渡辺淳一さんが、古希を迎える祝いの席で、仲間を集めて「これからは、思いっきり不良老人になってやる！」と宣言したという話がありますが、私はそのエピソードがとても好きなんです。周りからは、「お前なんて不良老人の最たるものなのに、これ以上、まだ不良老人になれるのか！」と突っ込まれたらしいのですが。

だいたい、世の中の人のやっていることの半分以上は、義理をこなすことのような気がします。嫌われたくない、よく思われたい、迷惑をかけたくない、将来お世話になるかもしれない……。そんな思いとともに、常に人の目を気にして生きています。

逆に、義理はほどほどに、「人並みに……」なんて気にせず、「いい歳して……」などという世間の常識に縛られず、楽しく今を生きている人はだいたい長生きするようです。

『「不良」長寿のすすめ』（奥村康著・宝島社新書）という本に書いてありましたが、部長クラスで定年を迎えた人と、それ以上にのぼりつめて定年を迎えた人では寿命が違うそうです。部長クラスでやめた人の方が、あきらかに寿命が短い。

一部上場企業の部長さんというのは、一般にまじめで完全主義、中間管理職時代が長く、上司にも部下にもあちこちに気を遣うタイプです。ハメをはずさず本音も言わず定年を迎えた方たちは、勤めをやめてから7〜8年で亡くなる例が多いとか。

一方、役員クラスになって定年する方はたいていてい、それなりにわがままです。

仕事もプライベートも人間関係も、わりに好き勝手やって、老害だなんだと言われようとマイペースに生きている方が多い気がします。「憎まれっ子世にはばかる」とはよく言ったもので、他人がどう思おうがあまり気にしないだけでストレスは少なくなります。周囲は振り回されることもあるかもしれないけれど、そこまで気にし過ぎない。

じゃあ、自分さえよければそれでいいのか、あるいは誰でもそうできるか、となるとまじめな人は困ってしまいますね。そこで相談です。

非まじめに老後を生きるとは？

わがままに好き勝手に、不良老人として生きるには、それなりに覚悟が必要です。といっても、これまで横並びで生きてきた身に、いきなり「不良になれ」と言われても困るでしょうから、せいぜい不まじめ、もう少し抑えて「非まじめ」に。これならどうでしょう?

それにはまず、お金、体力(健康)、仲間が必要になります。お金は、ちょっとわがままな頼みごとをしたときなど、その苦労に対して小額でもきちんと報酬を払えば、言われたほうはブツブツ言いながらもやってくれるから必要です。いわば、わがまま料です(笑)。

それから、体力。やはり、ある程度健康じゃないと、好き勝手な行動はもちろん、好きなこと、やりたいことはできません。そして、仲間。何をするにも単独行動が好きだという人ならいざ知らず、一般的には食事をするにもお酒を飲むにも運動や旅をするにも、気の合う仲間がいるほうが楽しさは増します。

老後に漠然と不安を抱えて、老い先を憂えて嘆くくらいなら、「まじめ」を

ちょっとやめてみませんか。非まじめ老人を目指しましょうよ。ときに義理を欠いても、いい歳をして……と後ろ指さされようと、いいじゃありませんか。そのためのお金と体力と仲間づくりを元気なうちから意識しておきましょう。

やりたいことを探すより、
したくないことを
やめるといい。

やりたいことがなくてもいい

世の中には、長生きしたい人のための教本があふれています。やりたいことがいっぱいある人にとっては、長生きはありがたいことでしょう。たとえば、テレビに出ている若い男の子が好きで、ファンになってあちこち追っかけるとか、絵や陶芸、書道など、なんでもいいから趣味を追求して発表するとか、何か新しいスポーツや学問を始めるとか。好奇心と希望にあふれた人は長生きしたくなるし、元気にもなります。

けれども、そういったものを「何かしら見つけなきゃいけませんよ」と言われたら、興ざめというものでしょう。寿命が来るまで生きてなきゃいけないのが人の定めとしても、この先、そのために「何か見つけなきゃ」と言われてもね……。楽しい暇つぶしならいいけれど、暇つぶしのためにあくせくするとなると本末転倒。ましてや「元気に長生きするために何か見つけるべき」などと言われると、そのストレスで寿命が逆に縮みそうです。それに、他人にそう言われた途端、それはやりたいことじゃなくなっちゃいますから。

逆に、やりたいことをやり切ったら納得して死が迎えられる、といった本も数多くありますが、それも簡単ではありません。すべてをやり切ったと思って死ねたら本望ですが、そんなにうまいタイミングでことが運ぶことは稀でしょう。そもそも、やりたいことが明確じゃない人もいっぱいいるわけですし。

だったらまず「したくないことはやらない。やめてしまう」からやってみる。

これ、どうですか？　こっちのほうが案外、簡単だと思いませんか？

やりたいことをやるのと、したくないことをやらないっていうのは、似ているようでいて微妙に違います。いざ、やりたいことをやるとなると、お金がない、時間がない、そもそもやりたいことってなんだ？　という話になります。そして実際、やったらやったで、他人に迷惑がかかるとか、期待どおりじゃなかったとかっていう話にもなる。

でも、したくないことと言ったら、すぐ思いつくでしょう？　なにより、したくないことをやらないというのは、お金も何もいらないんです。ただ、やらないだけ。楽しみを見つけるために苦労するくらいなら、逆転の発想です。

したくないことをやらないだけで、人生、うんと楽になりますよ。

風呂に入らないで
死ぬ人はいない。
3日に一度で十分。

風呂は毎日入るものという常識

病院の患者さんの中に、入浴を嫌がる方は少なくありません。とくに多いのは男性ですが、その主な理由は2つ。1つめは、ひとりでゆっくり入浴できるなら別だが、不自由な体で風呂に入るとなると必ず介助の人がつくから、2つめは、とても疲れるからとのお答えでした。

自分だけ裸にされる屈辱感や、他人の都合に合わせて動かされる不快感を感じながら、あちこち洗ってもらってきれいになったとしても、どうもスッキリしない……。あわせて、高齢者にとって入浴は思いのほか体力が必要で、疲労感を感じる方も多いようです。加齢臭が気になるんじゃないかって？　本人は自分の加齢臭をわかりませんからね。

だいたい身ぎれいになって何をするのか、ということもおっしゃいます。

そうした声を聞くと、**そもそも、風呂は本当に毎日入らなければいけないものか？　と疑問がわきます。**

それに、高齢者の入浴は、皮膚が乾燥するというデメリットもあります。実際、入浴のしすぎ、石けんの使いすぎ、タオルなどでのこすり過ぎで、皮膚障害が起こることもあります。そういう意味でも、最低限、臭いだけとれれば十分です。

私自身、子どものころから毎日入浴する習慣のない環境で育ちました。ですから今でもあまりお風呂が好きではありません。

にもかかわらず、自分で病院をつくったときもそうでしたが、自分の親を預けるなら、「決まった時間に起床させて、三度のご飯もきちんと食べてもらって、お風呂にも毎日入れて清潔にして、身ぎれいにして……」そんな場所にしたい、と思っていました。

今思えば、私も世間一般の常識にとらわれていたのですね。

ところが、自分が75歳を過ぎると、それまでにも増して「風呂は面倒だから極力入りたくない」と思うようになりました。同時に、「朝は寝たいだけ寝ていたい。食事も三度も食べたくないし、好きなものだけ食べたい」とも。

毎日、風呂に入ることのリスク

実際、風呂は週に1～2回で十分です。だいたい、風呂に入らなくて死んだ人はいません。入っていて死ぬ人は年に2万人近くいるのに……。

歳をとると、若いころほど汗もかかなければ、脂も出ませんから。

介護が必要なほどの高齢者になると、風呂に入れられるほうも、入れるほうも大変です。ですから、**風呂は3日に一度くらいでいい。それくらいに思っていたら、本人も、お世話する側も気がラクじゃありませんか?**

起きたいときに起き、
寝たいときに寝て
何が悪い。

睡眠時間を気にしすぎない

前項でもお話ししましたが、「毎日風呂に入って、身ぎれいにしてほしい」、これは高齢者に向けられる家族の期待であり、世間の常識になっています。同様に「朝はきちんと起きてほしい」「しっかりと質のいい睡眠が必要」という常識もまた、根強くあるのではないでしょうか。

若いころなら、夜眠れないと翌日の日中に眠くなり仕事に差し支える、途中でスタミナが切れて困るなどが心配されますが、年をとって現役を引退し、時間をもて余すような毎日になったら、朝きちんと起きる必要はなくなります。

だいたい、年をとるとイヤでも早起きになります。「朝、きちんと起きてくれ」と言われても勝手に目が覚めるんですから大丈夫。ただ、日中はものすごく眠いですが。

「しっかりと質のよい睡眠を」。これも、年をとると睡眠時間はどんどん短くなります。かくいう私も毎晩、細切れ睡眠です。1時間半おきに目が覚めて、トイレのために3回、4回と起きます。熟睡したっていう感じはありませんが、それでいいんです。

長時間寝られるというのは、体力があることの証です。子どもなんて、寝れば寝るほど元気になる。よく寝ることがエネルギーとなって、日中どんどん活動的になり、成長へとつながります。

逆に、老人が無理矢理、長時間寝てもいいことはありません。むしろ、体に悪い。寝過ぎると、それだけ体のあちこちが固まって、動き出すのが大変です。

長く寝たからといって頭がスッキリするというわけでもない。

私自身、どうしてもぐっすり眠りたいときなど、睡眠薬なども試みましたがどれもうまくいきませんでした。確かに飲むと夜は眠れます。でも3日続けて睡眠薬を飲んで熟睡すると、日中、気分が鬱々としてイライラも出てきます。かといって飲むのをやめると眠りが浅くなり悪夢にうなされ、脱するのに3〜4日かかりました。

私と同世代の方から、眠れなくて困っていると相談を受けることも少なくありません。そのうち半分以上の方が「6〜8時間眠らないと体に悪い」という思い込みを持っています。

さらに詳しく話を聞いてみると、実際に眠れなくて体調が悪いわけではなく、「眠れない不安」が強いようなのです。これは、若い人の不眠症とはかなり違うものです。

結論からいいますと、老人は短い睡眠で十分です。若い頃のように夜ぐっすり眠れなくなったって、なんの心配もいりません。昼に眠くなるなら昼寝をすればいい。**むしろ「寝られない」ことを気にし過ぎるほうが健康によくありません。**

起きたいときに起きて、寝たいときに寝てください。早起きも睡眠時間も気にしない。常識にとらわれず、寝るも起きるもマイペース。これは老人の特権です。

歳をとったら
無理に断捨離なんて
しなくていい。

子どもは実家に手をつけないこと

知り合いのTさんが、ある日こんなことを言ってきました。

「先生、聞いてください。久しぶりに田舎の実家に帰って、冷蔵庫を開けたら冷凍庫までパンパンで、よく見たら賞味期限が切れたものがぎっしり詰め込まれていて、ちょっとヘンな臭いがしたと思ったら、腐っているものまであって……。母はもともと掃除が大好きで、家中ピカピカにするような人だったんですよ。そんな母が、あんな冷蔵庫でも平気だなんて……。台所やお風呂場もどことなく汚れていて、私はもうショックでショックで。帰りの飛行機で涙がでちゃいました」

「ほう｜。それで、Tさん、あなたどうしたの?」

「もちろん、掃除しました。こっそりと、母が寝た後にバレないように。賞味期限が切れたものを片っ端から捨てて、冷蔵庫の中を磨いて。すごくキレイになりました。なのに翌朝、母にものすごく怒られたんです。なんで勝手に捨てるの？　って、それはもうすごい剣幕で……」

そう言いながら、ちょっと涙ぐむ始末。


そこで私は言いました。

「あたりまえでしょう！　まず、人間は誰でも自分のものを勝手に捨てられるというのは腹がたつことです。それを子どもにされるというのは、親にとっては最も屈辱的なことですよ。自分ができなくなったことをいちいち指摘されているようでね。お母さまだって、ものを捨てることができなくなってきた自分にうすうす気づいているでしょう。歳をとったという現実をまず、受け入れてあげないと。あなたは見るに見かねてやったことかもしれない。でも、親にとっては、勝手に自分の領域にズカズカ踏み込まれたうえに、見られたくない部分を見られて、とても情けない気持ちになってしまったんだと思いますよ」

　こういった状況は、なにもTさんに限った話ではありません。彼女は長女で、自分が実家をなんとかしなきゃという責任感も強い。

「実家は手をつけないほうがいい。これは親のためと思っても、やってはいけないことです。だいたい、冷蔵庫がパンパンで、何がいけないんですか？　お母さまが『凍らせておけば大丈夫』と主張するなら、それでいいじゃないですか。それに、台所やお風呂場がちょっと汚れていると言ったって、足の踏み場がないほどなの？　多少のほこりや汚れで死にはしません。両親が普通に生活ができているなら、放っておくこと。見て見ぬふりをするのも優しさです」

　そうアドバイスしたら、「でも、きれい好きな母、というイメージがあって……つい……」と。

しつけに厳しいお母さまだったらしいから、尊敬すべき母のイメージが崩れるのも怖かったのでしょう。

断捨離するにはパワーがいる

今、世の中は空前の断捨離ブームです。若い人も老人も、みんな「ものを捨ててすっきり暮らす」ことに躍起になっている気がします。しかも、終活のひとつとして、死ぬまでに断捨離してできるだけものを減らせ、と言う。

でも、今まで捨てずに生きてきた人間が、いきなりバンバン捨てられますか？　物は買う、もらうより、売る、捨てる、断るほうがはるかに難しいのです。

私自身も、「断捨離」という言葉に憧れていたひとりです。身の回りを見渡せばモノの山、本の山、しがらみの山、つい引き受けてしまった仕事の山……。いっそのこと全部捨て、しがらみを断《た》ってしまえばどんなにラクかと断捨離に挑戦してみましたが、毎回挫折。片づけは先送りになり、懲りずに本を買い、頂きものを断れず、仕事を引き受け、今に至っています。

あるとき、気づきました。

「人には得手、不得手がある。自分は、断捨離が不得手なのだ」と。そう思ったらずいぶんスッキリしました。**不得手なことに貴重な時間とエネルギーを費やすほど馬鹿げたことはありません。やりたいことを優先し、それでも余力があったらやる、程度に考えると気が楽です。**

断捨離、つまり「捨てる」や「やめる」は、決断することです。決断するには、精神的エネルギーが必要です。歳をとって、体力や気力が落ちているならなおさら、負荷がかかります。

人が1日に決断できる容量は決まっています。アップル社のスティーブ・ジョブズさんが毎日黒いタートルネックの服を着ていたのも、朝起きて服を選んで決める、ということにエネルギーを費やしたくなかったからだといいます。

歳をとると、決断できる容量はどんどん少なくなってきます。体力も気力も衰えるなか、やりたくないことにエネルギーを使う必要はありません。ましてやそれが不得手なことならなおさらです。

歳をとってからの時間とエネルギーはとても貴重です。人生の残された貴重な時間をなぜ、精神的に大変なエネルギーを使う「捨てる」や「やめる」という行為に費やさねばならないのか、私にははなはだ疑問です。

人には、どんな物にも思い出があり、愛着があります。他人には価値がなくても本人には貴重なもの。それを捨てるとなると一層大変です。

一方、自分には関係のないもの、他人のものなら苦もなく捨てられるのも事実です。だったら自分が死んだ後、他人に迷いなく捨ててもらうのが、精神的ストレスもなく、時間もムダにせず、ベストではないでしょうか。

栄養バランスは
寿命にはほとんど関係ない。

栄養バランスより食べる楽しみ

またある日、今度は40代の女性のSさんからこんな相談をされました。

「うちの親、毎晩外食だって言うんです。しかも、お気に入りの中華と和食のローテーション。中華店では餃子とビール、和食店ではうどんと日本酒と決まっていて、お店の方にもすっかり覚えられているようです。これでは、栄養がかたよっていませんか？　だから、『ちゃんと昔みたいに自分で料理して、野菜や肉、魚とバランスよく食べないとダメじゃない！』って言ったんです。ああ、あんなに料理好きだった母が、毎日外食だなんて……」と嘆いております。

「あのねぇ、Sさん。バカなことはおやめなさい。本人たちが食べたいと言っているものを我慢させ、食べたくないものを食べろと言う。おまけにちゃんと自分でつくって食べろなんて、そんな酷なこと言っちゃダメです。歳をとると何をやるのも億劫《おっくう》かつ面倒になります。毎日、それとの闘いなんだからね。料理して片づけをするなんて、その最たるもの。外食だっていいじゃない」

とりわけ日本人は、自炊信仰といいますか、外食＝悪と考える傾向が強いように思います。

社会で元気に活動しているときは自分で食事をする場所、回数、量などある程度自由に選べますが、歳をとって活動範囲が狭まると選択肢が狭くなります。特に、料理を作る人が同じだと、どうしても似たような味付け、料理方法になって飽きてしまう。だからこそ、外食を上手に利用すればいいのです。

家での食事にしても、たとえば白飯に納豆や卵、のり、つけものなど、単純な味付けのおかずがあるくらいでいいんです。ポイントは、繰り返し食べても飽きがこないよう、あまり手の込んだごちそうに仕立てないこと、品数を多くしないことです。

場所や形にこだわらず、そのときの気分で食べたいものを食べたい場所で。面倒なこと、億劫なことはやらない。歳をとったら手抜き飯がいちばんです。

カップ麺と卵かけごはんは手抜き？

ですから世の奥さま、ときには気分を変えて外食をしたり、卵かけごはんだけですませることは全然手抜きじゃありません。案外、旦那はそれがうれしかったりするものです。

そうそう、あるとき、ゴルフのコンペのお土産にカップ麺の詰め合わせをいただいたことがありました。参加した同世代の男性陣は大喜び（笑）。「おお、楽しみだ！　カップ麺っておいしいんだよねぇ」としみじみ語り合ったものです。カップ麺のようなジャンクフードは体に悪い、手抜きだ。なんて世間の常識ではそうかもしれませんが、好きなら好きなときに食べればいいんです。

卵かけごはんやカップ麺はあくまでひとつの例ですが、日々の食事ひとつとっても妻たるもの、夫たるもの、家族たるもの、とお互いを思いやる気持ちが思い込みとなって、負担にならないようにしたいものです。「なんだ、それでよかったの？」と拍子抜けすることがあっていい。

お互い、ときには思い込みや思いやりを捨てて、もう少し気楽に生きましょう。

栄養バランスよりうまいもの、食べたいものを

バランスのいい食事が長生きを保証するのかというと、そうでもない気がします。確かに、**若いとき、あるいは60代くらいまでは、食生活に気をつけることは、その先の健康な体を保つために有効です。でも、75歳を過ぎても同じことがいえるかというとかなり疑問です。**食べたいものを我慢してコレステロールを下げようとか体重をなんとかしようと気をつけたところで、その効果が出るとしても5年、10年先。私としては、食べたいものを我慢するストレスのほうが健康に悪い気がします。

人間の体はそれぞれによくできていて、若いときならいざ知らず、70歳を超えると、食欲は低下する一方で、自分の欲するものを体がきちんと選んでくれ

るようになります。そのとき、気をつけるべきは、食べる量です。年をとると食欲はあっても食べる量は確実に少なくなり、やせ始める人が多いように思います。ということは、栄養バランスよりも、本人が食べたいものをたくさん食べてもらうことが重要なのです。現代は食べものも多種多様で、好きなものだけを食べたって、そう簡単に栄養障害はおきません。

歳をとれば、食生活はもっと自由でいい。食べたいものを食べたいときに食べたい量だけ食べればいいんです。

現代人は本当に「栄養バランス論」が好きですよね。だいたい、体に入ったものは1日単位で消化されてしまうわけではなく、最短でも週単位の消化です。ですから、1日3食、日替わりでバランスを考えて……などではなく、大ざっぱに言えば、月単位くらいでバランスが取れていれば十分なんです。

あわせて、どんなに栄養計算がされた食事でも、食べてもらわなければ意味がありません。だから、まずは「うまいもの」「食べたいもの」ありきなんです。

そういう観点から言うと、健康にいいとテレビで言っていたからと、苦手なものを無理して口にするのもナンセンスです。たとえばサラダ。日本人はもともと、今のように生野菜をそのまま食べる習慣はありませんでした。煮物やみそ汁で上手に野菜を摂取していたんですから。

施設でも、生野菜、つまりサラダをできるだけ食べさせてほしいと要望されるご家族が多数いらっしゃいます。でも、高齢者の多くは生野菜が苦手です。特に生の葉ものが苦手な方が多いです。若いころに食べる習慣がなかったことと、食べにくさがあるのではと思います。

「体にいいから食べる、よくないから食べない」というものさしではなく、自分が食べたいものを楽しくおいしく食べるほうが、とくに歳をとってからはずっと健康によいのです。

規則正しく
生活してほしい家族、
好きなように
生活したい高齢者。

70歳を超えてわかってきたこと

私が30代のころ、今のような老人病院をつくろうと思ったのは、当時、まるで「現代の姥捨て山」のような施設を見て衝撃を受けたことがきっかけでした。畳が敷かれただけの、悪臭と静けさが漂う病室、そこに預けられた老人は3カ月以内に亡くなるという現実。これから老いていく両親のことを思い、「せめて自分の親だけでも安心して預けられる施設をつくりたい」と病院を始めました。

そのときからずっと追求しているのは「究極の終の棲家」です。人生最期の時間だって、大切な人生の一場面です。「医療よりも介護、介護よりも豊かな生活環境」が必要であり、入院してくる方やご家族が求めているのは、「安心して穏やかに過ごせる場所」だと思っています。心地よく暮らせる環境で、おいしいごはんがあって、気兼ねなく楽しく暮らせること、自分が大切にされていると感じ、安心できること、これがいちばん大事なんです。

そう考えたときに、清潔で豊かに暮らせる生活環境、というのは基本です。同時に、家族からしてみれば、朝はきちんと起きて、着替えて身づくろいして、3食きちんと食べる規則正しい生活をしてほしいし、風呂にも毎日入って、できるだけリハビリをして健康を維持してほしい。それは正しい要望です。私自身そう思って病院をつくったわけですから。

でも、実際に自分が歳をとり、「いやなことはしたくない」と〝非まじめ老人〟をめざすようになると、その思いを阻むのは意外にも家族かもしれない……ことがわかってきました。

朝は目が覚めるまで放っておいてほしいし、目覚めても朝ご飯を食べたくないときもある。食事は3食バランスよくたくさん食べろと言われても、好きなものを好きな量だけ食べたい。ときには、脂っぽくてもいいから、こってりとしたものを好きなだけ食べたい、運動や散歩もたいしてしたくない、とかね。だいたいそんな規則正しい生活をして何をめざそうというのか……と。

みなさんも、そういうことはありませんか？

ちなみに、私のデスクにはいつも甘いものがあります。今あるのは和三盆の干菓子ですが、これがね、口の中でほろりと溶けて、ああ幸せとしみじみ感じ入るおいしさなんです。血糖値が上がるからあまりたくさん食べちゃいけないと言われますが、血糖値が上がって何が悪いって思うわけ（笑）。

この「しみじみと、ああ幸せ」という感覚。歳をとると、この幸せ感のほうがよっぽど大切です。上がりすぎた血糖値は薬でコントロールしてもらえばいい。医療はそのためにあると考えればいいんです。なんでもいいですから、「ああ、幸せ…」という感覚を大切にしていきましょう。

家族の要望と本人の望むものは違う

歳をとればどんどん、お風呂や食事、健康維持など、家族と本人が望む生活スタイルは違ってきます。**家族の要望と本人の望むものは違う。このことをお互いに認識しておくことが大切です。**

たとえば、差し入れなどもその例です。

病院には日々、患者さまのご家族が面会にいらっしゃいます。病院内の庭を散歩したり、喫茶室でお茶をしたり、それぞれのお部屋でくつろいだり、思い思いに過ごされています。

ところが、ご家族が帰られた後、具合が悪くなる患者さまがときどきいます。事情を調べるとだいたい、ご家族が持ってきたものを無理して食べたことがわかります。

「おじいちゃん、これが好きだったでしょう」と、ご家族は面会の折、好物の料理やお菓子を持ってきてくださいます。ただこれが案外クセものです。以前好きだったものが今も好物とは限りません。あるいは、今食べたいものとは限りません。ご家族が思っている以上に、歳をとると好みも変わり、食べる量そのものが減り、たとえ好きなものでもおいしく食べられる量が減るのです。

せっかくつくってきてくれたんだし、つくってきてくれた人の喜ぶ顔が見たい。食べ物を残すのはもったいない。それでつい、無理をして食べて、「どう？　おいしい？」と聞かれると「おいしいよ」と言い、また食べる。その結果、その夜に吐いてしまう方もいます。そして、そのことは内緒にしてくれ、という患者さまがいらっしゃるのも事実です。差し入れには、家族の気持ちがこめられています。患者さまからすれば、家族の好意にこたえたい、と思われるのももっともなのです。

これは差し入れに限りません。規則正しく生活してほしいと願うことも同様です。**よかれと思って……。これがいちばんやっかいです。家族や周りの人は、まず自分のやることや願うことが善意の押し売りになっていないか、ちょっと考えてみることが大切だと思います。**

2章

夫婦は近寄り過ぎないほうがいい

定年後も、
亭主元気で留守がいい。

生活が急に変わるストレス

恋人時代のカップルは不安定な関係ゆえ、適度な緊張感があります。だから気も遣うし、燃え上がるし、ケンカもする。でも、夫婦になって長く一緒に生活していると、相手の性格やクセ、手のうちもわかってきて緊張感がゆるんできます。また、相手に対する期待や幻想も薄れるため、お互いへの気づかいも減ってくるのが一般的です。

こうした中で、突然生活のリズムが変わるとしましょう。そのよい例が夫の定年です。それまでは、仕事だ仕事だと言って外にいた夫が、一日中家にいるようになるんです。

我々世代のサラリーマンは、平日のみならず、休日だって接待ゴルフだなんだと家族との時間をもたなかった人も多いでしょう。それゆえ「申し訳ない」という後ろめたさのようなものもあってか、たまに一緒にいるときくらいはと、妻や家族に気遣いができ、それが良好な関係の素になっていたかと思います。
妻にしても「亭主元気で留守がいい」といった生活リズムが確立されていた面もあるはずです。なにより、めったに会わないぶん、会ったときに新鮮ささえあったでしょう。

ところが、夫が一日中家にいてごらんなさい。
それまでの生活ペースが乱される妻にはたまったもんじゃない。

実際、定年退職した夫が家にずっといるようになり、奥さんが原因不明の体調不良を起こすケースも少なくありません。いわゆる「夫源病」です。医学的な病名ではありませんが、夫が毎日家にいることで妻の生活リズムが乱されることによるストレスが原因です。

ここには、男性の側に大変な思い上がりと思い違いがあります。

ひとつは、定年後、妻が自分と一緒にいる時間が長くなることを喜ぶだろう、少しでも一緒に行動することをうれしく思うだろうという点。もうひとつは、長い間家族のために身を粉にして働いてきた自分をねぎらい、大切にしてくれるだろうという点。

これらはいずれも幻想です。妻の側からすれば、そうなった夫は単なるオジサンであり、居候的存在でしかないのです（もちろん例外もありますが）。

ですから、**世の夫たち、「一家の主たる俺が一日中家にいて何が悪い」という考えは捨てましょう。定年退職後もできる限り、今までと同じように外に出てください。**せめて昼ご飯は外で食べてくるくらいの気概をもちましょう。

あるいは、妻の皆さまも、今までどおり距離をとりましょう。一緒にいる時間が増えたら会話も増えるというのは幻想です。老後の夫婦こそ、**適度な距離感が大切。無理に夫に（妻に）近寄らないようにしましょう。**それが老後の夫婦円満の秘訣です。

夫婦水入らずの旅は、
無理して行くべからず。

老後のふたり旅には注意が必要

知り合いに、とても親思いの女性がいます。
「父が会社員だったころは、たまの休みに夫婦で仲よくゴルフに行っていたんです。でも定年後、ゴルフはおろか、ふたりで出かけることもなくなったようで心配です。父は現役時代、仕事が忙しくて、休日もほとんど家にいなかったので、夫婦で旅行なんて一度も行ってないはず。だから、夫婦水いらずの旅行をプレゼントしようかなと思っているんです。温泉もいいですけど、豪華クルーズの旅とか、よくないですか？　あちこち歩かないで済みますし！」というのです。

私は思わず、心の中で叫びました。

「ちょっと待って、余計なお世話です！」

いやもちろん、いろいろな夫婦のかたちがありますから、いくつになっても、ふたりっきりでいても、会話が途絶えないような仲よし夫婦もいるでしょう。ご両親が「クルーズ旅行がしたい」と強く望むなら、プレゼントするのは大変な親孝行です。

でも、前述のご両親のように、**たいして接触時間もないままに何十年と生きてきた夫婦は、いきなりふたりで旅行にどうぞと言われても恐ろしいだけです。**しかも、クルーズ旅行のような逃げ場のない空間なんて……。

先日、友人に「ある本で読んだけれど、なんでもきちっとしたがるA型奥さんと、マイペースで他人のことなど二の次のB型夫の夫婦の場合、かなりの確率で奥さんは定年後の離婚を考えるらしい。Ｂ型の夫はそのことにまったく気づかないらしいぞ」と言われ、こういった血液型特性の話は信用しないにもかかわらず、内心ドキッとしました（うちの奥さんはＡ型、私はＢ型）。

そもそも、夫と妻では、考えていることや望んでいることに大きな隔たりがあります。それが表面化せずにすんでいるのは、ひとえに、夫が働いて家を留守にし、夫婦の接触時間が少ないからなのです。

ですから、よりにもよってクルーズ旅行とは危険きわまりないものに映ります（まだクルーズ旅行を経験したことはありませんが）。日常よりもはるかに接触時間が長いうえ、気まずくなっても船だから降りられず、逃げ場がないわけで……。もし仮に私が行くとなると、友人夫婦や友達に懇願して一緒に行ってもらうことになるでしょう。

ただし、女性陣がそういう旅を楽しむのが上手なことは容易に想像がつきます。同じ船の奥さまたちとあっという間に仲よくなって、連日ワイワイ盛り上がる。その一方で、男性陣は苦虫をかみつぶしたような顔をして、それぞれ一日中海を眺めるか、部屋にこもるかが関の山という気がします。

いずれにしても、**老後の夫婦水入らずの旅は、実は要注意。**無理して行くほどのものでもない……と思っています。

男はなぜか
名刺と会議があれば
しょぼくれない。

とにかく役割があると安心

これまで定年後の男性のダメっぷりを語ってきましたが、実際、仕事から離れたとたん、しょぼくれてしまう男性が多いのは事実です。

社会的地位や肩書き、名声を失うことが男性にとっていちばんこたえます。

自分がいないとこの組織はダメになる、俺は社会にとって必要な存在だと思えるかどうか。そしてその評価の証としての収入はいくらなのか。これがすべてです。ですから、自分がいなくても何事もなかったように世の中が動き、評価（収入も含めて）もなくなるのはかなりショックなことなんです。

ちなみに、高齢者の方を迎える病院側からみても、男性のほうが女性よりたいへんです。男性は体が大きく重い、それに少し気に入らないことがあると力に訴える、加えて入院して1、2カ月たっても、同室の方といっこうに打ち解けようとしません。ポツンとしている男性患者のお相手は職員が行うことになり、手がかかることになります。女性は体も小さく軽いうえに、あっという間に隣の人と仲よくなって毎日おしゃべりしています。トラブルを起こすのもだいたい男性です。隣のいびきがうるさいだの、俺の場所に勝手に荷物を置いていっただのと、いわゆる縄張り争いが勃発します。

不思議なことに、女性はあまりいざこざがないんです。誰かといるほうがホッとするようですね。メスは群れ、オスはポツンと一匹でいる――どこかアフリカのサバンナで生きる野生動物を見るようです。

つくづく、男と女は違う生き物だと感じます。

病院では、誕生日会や俳句会など、いろいろな集まりを催しますが、男性はプライドもあるのかほとんど参加されません。

ところが、そんな引きこもりがちな男性を引っ張り出し、しょぼくれないようにする良い方法があります。

会議の体裁を整えてそこに参加を要請するのです。

「○日は会議ですので、ぜひご出席ください」とお声がけし、同時に「元社長」「元監査役」でもいいので、肩書きが入った名刺もつくるのです。

そうすると皆さん、ネクタイをピシッと締めて参加されるんです。いつものしょぼくれ具合はどこへやら、会議の席上ですから、お互いに名刺交換をしつつ和やかに会話をされます。「今日の議題はどうしますか」なんて仕切り始める人も現れ、さらに「閉会のスピーチをお願いします」と言うと、ふだんはほとんどしゃべらない方なのに、アドリブをまじえつつ、その場にぴったりのスピーチをする方もおられます。

これには私も驚きました。

男性は極めて政治的な動物ということなのでしょう。男の習性として、生活の場で見知らぬ男性と出会った場合、まずチェックするのは相手の素性。次いで自分より上か下かを見定めるというのがあるのではないでしょうか。影響力が駆使できるかどうか、目の前にいる相手は自分の存在を危うくさせはしないのか。敵味方をはっきりさせ、上下関係が定まってようやく会話が始まるのです。

ですから、名刺が大事になってくるのだと思います。

同時に、あらためて、必要とされること、果たさないといけない役割があることの大切さを実感しました。**男はとくに「大義名分」と「役割」が大事です。女性の方は、そんな男性の特性を覚えておくといいですよ。**

世の夫へ。
妻からすると、
いつも一緒はもうたくさん。

男と女の思いはこんなに違う

前項で、互いを格付けし合う男という生き物の習性をお話ししました。これが歳をとったらそうでなくなるのか、と言えばまったくそうではありません。施設に入った後も、男の静かな縄張り闘争は続いています。

一方、女性は本当に楽しそうです。あっという間に群れ、皆でわいわいとやっています。これも、女性という生き物の習性です。

男と女は習性も考え方もまったく違うのです。

たとえば、病院に夫婦そろって入院される場合、男性は当然のように妻と同じ部屋を希望します。なんの疑いもなく、自宅で暮らしてきた延長で希望されるのでしょう。

しかし、女性はほとんどの方が別々の部屋を希望されます。やっと上げ膳据え膳の日々がやってきたのに、どうして施設に入ってまで夫と一緒なのか。これまでどおり「あれをしろ、これをしろ」と言ってくるに違いない。そんなのまっぴらごめんだというのがその理由です。

なかには、部屋を変えるだけではなく、フロアや棟、極端な場合、青梅と京王よみうりランドと、病院自体も別々にしてくれ、と希望される女性もいらっしゃいます。

男性諸君、脅しじゃありませんよ。これは本当にあった話です。

さらに、こんな話も聞きます。妻か夫、どちらかが施設に入ったときのことです。

妻が施設に入ると、自宅に残された夫は、妻を毎日見舞うため、自宅の最寄り駅から病院までの定期券を買う。一方、夫が施設に入った場合、妻は自宅の最寄り駅からデパートまでの定期券を買うというのです。夫のお見舞いよりも、デパートに出かける頻度が増えるだろう、ということなのですね。

笑い話のようですが、これも本当にあったことです。

世の夫たちは、施設に入っても妻が自分と一緒の部屋を希望してくれるよう、あるいは、自分を見舞うため病院までの定期券を買ってもらえるよう、日ごろから地道な努力が必要なのではないでしょうか。

一二

世の妻へ。
夫を「執事」として
雇いましょう。

ウィン・ウィンの関係をつくる

先ほど、男には「大義名分が必要だ」と言いましたが、家庭内においてもそうです。定年後の男性にとってもうひとつショックなのは、家庭内での扱われ方です。定年直後は優しかった奥さんも、半年もたてば「いつまでも家でゴロゴロしてないで、どこかに出かけてよ」と相成ります。

そこで、夫婦どちらにとってもメリットがある提案をひとつ。

それは、妻が夫に「執事」としての役割を与え、疑似雇用関係を結ぶことです。男は、関係性や役割を明確にし、評価方法がはっきりすることを好みます。

この習性をおおいに活用するのです。

といっても、いきなり朝昼晩とごはんをつくれ、洗濯掃除を完璧にやれ、というのはちょっと酷な話なので、まずはゴミ捨てや洗濯物をたたむ、洗い物をするなど、簡単にできることから。お店の予約や何かの修理の手配があれば、それもお願いするといいでしょう。とにかく、**夫を執事だと思って、いろいろお願いをして、わずかでよいのできちんと報酬を支払うこと。**

最初は、男のプライドが邪魔をしてうまくいかないかもしれません。でも、そこは発想の転換です。男性陣は、働いてお金をもらえるうえに、妻が機嫌よくなるなら、こんなありがたいことはないでしょう。

最初は辛抱強く見守る

女性陣にとっては、最初はイライラするかもしれません。なんでそんなに時間がかかるの、もっと要領よくやってよ、これじゃあ自分でやったほうが早い、なんてことも多々あるかと思います。けれども少しだけ我慢して、辛抱強く見守ってあげてください。

そう、新入社員と同じです。意欲をまず評価して、基本だけ教えたら、あとは姿を隠してください。失敗しても最初は大目に見てあげてください。そして、ちゃんとできたら褒めることです。

男もね、役に立っていると思えば、懸命にやります。家事もクリエイティブな仕事だと思って工夫を始めます。しかもお金をもらうとなると、仕事ですから、責任をもってちゃんと段取ります。

そのうち、**いろいろなことができるようになったら、家の管理人および執事として、給料もちょっとアップして、感謝の言葉も忘れずに。**ときどきは夫に家のことをまかせて、友達と旅にでも行ってみてください。執事となった夫はいっそう張り切るでしょう。

何度も言いますが、男がしょぼくれていくのは、収入と役割がなくなるからです。特にモーレツ仕事人間だった男性ならなおさらです。ですから、明確な仕事として評価され、報酬が示されれば、想像以上に創意工夫をして、役割を果たします。

「執事としてわが家で働きませんか？」

たとえ同じお金を渡すにしても、男にとって、大義名分があり、評価を伴うものとなれば全く違う世界が生まれます。不思議ですね。

3章

健康を気にしないほうが長生きできる

60代はまだまだ現役。
75歳からやっと
老後が始まる。

老いるとは、どういうことか

昔からよく言われることですが、子供時代は、大人にとってみたら全員が経験済み。それゆえ子供についての問題は、誰でもそれなりの意見をもっています。でも、自分の老後のこととなると、全員が未経験者です。自分なりの想像でしかコメントできません。

経験があることに対しては、人間はある程度備えることができます。階段を上ること、降りること、自転車に乗ること、段差をつまずかずに歩くことなど。ところが、それまでは両手に荷物をもっていても階段をすいすい上がることができたのに、あるときどう頑張っても上がれなくなっていることを思い知らされる。息があがって足が動かない。これはとても怖いことです。仕方なく、いったん荷物を置いて、少量ずつ持って上がっては下り、また持って上がる……。

ある日、ペットボトルのふたが開けられなくなることも同様です。今まで当たり前にできると思っていたことが急にできなくなるんですから。

老化とともに筋力が衰えることは、どなたも聞き知っておられるでしょう。でもある日、実体験として、たいして重くもない荷物を両手にもったまま階段を上がれなくなった、という現実を突きつけられるわけです。

知識として老いを知っていることと、実際に体験して老いを思い知らされることとは大きく違う。自分にとって経験がないわけですから、老いに伴って起きることは、常に想定外なのですね。

認知症も同じです。年をとれば忘れっぽくなることは誰しも想像がつきますが、認知症を経験したことはありません。日付や名前が瞬時に出なくなることが続くと、どんな不便が起きるのか。周囲の人はどんな反応をしめすのか。自分はどんな気持ちになるのか。特に、認知症の初期は、当人にとってつらい時期です。ふだんから慣れているはずのことがうまくできず、忘れっぽい自分がみじめになる。このままどうなってしまうんだろうという恐怖と不安で、自信も喪失します。

体力、気力の衰え、物忘れ――。この厳しい現実を、受け入れるしかありません。老いるとは、そういうことなのです。

いつから老後と呼ぶのがいい？

ところで、昔は還暦を過ぎたら老後、などと言っていましたが、現代に置き換えると早過ぎる印象です。今の60代は十分にパワフルですから。

そこで私は、65歳以降の年代を3つのステージに分けてとらえています。

第1ステージは、65歳から75歳くらいまでの10年間。今や老後と呼ぶべきではない時期です。定年を迎えたり、子どもが完全に手を離れたり、社会での仕事や役割でひと区切りつく。**体力的な衰えは感じるものの、自分の自由な時間がこれから始まる、という時期です。**健康づくりや体力づくりもまだ間に合います。これから本格的にやってくる自分の老後に備える助走期間といえるでしょう。

第2ステージは、75歳以降の約10年の間（男性の場合は、女性よりマイナス3～5歳の72～80歳過ぎまで）。自他ともに、あらゆる面で衰えを感じます。身体的にも変化が大きく、体力の低下も加速します。無理せず、でも頭も体も動かし続けることが求められる時期です。

人によっては日常生活に差し障りが出てきたり、認知症やそれにともなう介護の問題が身近になってくるとき。今、まさに私がこのゾーンにいます。

第3ステージは、人生の最終章。年齢的には80代の半ば以降（こちらも男性の場合ではマイナス3～4歳）にあたります。自分にとっても家族にとっても先が見えてきて、どのような最期を迎えるかを考える時期といえます。

現代においてはだいたい75歳以降が、本当の意味での老後にあたると考えてよいでしょう。

今の年齢の8掛けが
真の年齢と思えば
ちょうどいい。

かつては60歳でおじいさん!?

「老人」と言っても、昔と今とではまったくイメージが違いますよね。
子供のころに歌ったこんな童謡、覚えていませんか?

「村の渡しの船頭さんは　今年六十のお爺さん
年は取ってもお船を漕ぐときは　元気いっぱい艪《ろ》がしなる……」

この歌は太平洋戦争に突入する直前に発表されたもののようですが、歌詞にあるとおり、当時は世間の感覚として60歳＝おじいさんだったわけです。

ところが今は、65歳の平均余命が男性で19年、女性で24年くらいです。**心身**

の能力からみても、老化のスピードは遅くなっており、ここ30年くらいで10歳から15歳も若返っているといわれています。

実際、今の65歳は本当に元気です。身体面でも精神面でも、とても老人とは呼べませんよね。今の65歳は、みなさん50代前半くらいのイメージがあります。

となると、真の年齢とは、自分の年齢に0・8を掛けたくらいがちょうどいいのです。たとえば今、76歳の私の真の年齢は0・8を掛けると60・8歳です。うん、まさに！

60代だと思うほうが、自分の感覚からしてもしっくりくる気がします。それに、75歳でガクンと衰えを感じたとはいえ、まだまだ60歳だと思うと、もうひと頑張りできるかな、と思えます。

この「8掛け年齢説」は、体力測定のデータとも合致しています。現代の74歳から79歳の体力は、20年前の64歳から65歳以降の人と同じぐらいです。つまり、実際にはこの10年で全体的に5歳ぐらい、20年では10歳くらい若返っていることになります。

そう考えたら、「まだまだやれる！」と元気がわいてきませんか？

こういうことは、思い込んだもの勝ちです。

前項でお伝えしたように、老いは老いで段階的に受け入れていくことも大切。でも、「もう年寄りだから……」なんて自分を追い込んではいけません。

あなたの本当の年齢は、0・8を掛けた数字なのですから。

75歳を過ぎたら
筋トレは
あんまり意味がない。

筋トレの効能とは？

昔に比べて今は寿命がのびたとはいえ、人間の体の耐用年数はせいぜい70年。ということは、それ以降は耐用年数の過ぎたポンコツ車をだましだまし使うイメージです。ポンコツ車の扱いで気をつけなければいけないことは、負担をかけ過ぎると壊れて動けなくなる一方で、使わないとどんどんサビついて動きが悪くなるということです。

かといって、75歳を過ぎてあわてて筋トレを始めても、残念ながらさほど効果はありません。若いときにはやったらやっただけついた筋肉ですが、年齢とともに男性ホルモンや成長ホルモンの分泌が減るため、鍛えてもその効果はどんどん出にくくなるからです。

ましてや、**激しいトレーニングをしたからといって、筋肉を〝増強する〟効果は望めません。筋力が衰えるスピードを遅くするくらいはできると思っていただくとよいでしょう。**

また、75歳を過ぎてからは〝体力アップ〟についても期待できません。努力してもせいぜい現状維持、あるいは下降の速度がゆるやかになるかどうか、といったところです。ですから、**もしも体を鍛えて体力をつけたいと思われる方は70歳までにやっておくことをおすすめします。**

一方、筋力は使わないと間違いなく低下します。関節は硬くなり、動きは悪くなり、微妙な調整もできなくなってきます。

ですから、この時期怖いのは、ケガをすることや病気で寝込むことです。ケガや病気をして安静を強いられれば、それだけで身体能力は一気に落ちます。

高齢になると、1日動かないだけで筋力は6〜8%も落ちてしまいます。ということは、1週間安静にしていると、3〜4割の筋力が落ちるということ。

高齢者は、寝ているだけでも衰えが加速するのです。さらには、あわせて脳の機能も低下しやすくなるため、体を動かさないことが意識障害や認知症の引き金になることも珍しくありません。

75歳を過ぎたら、むやみやたらと激しく動かして体を壊さないよう気をつけてください。一方で、何もやらないよりはやったほうがいい。**日々、適度に体を動かし続けることです。何事も、加減と継続が大切なのです。**

筋トレよりもストレッチ？

そういう意味では、高齢者にはストレッチがよいのではないかと思っています。

私は3年ほど前から、週に一度、1時間程度のストレッチを始めました。筋トレも考えましたが、若いときほど効果が出ないなら、もっと気楽なストレッチのほうが続くだろうな……と甘い考えで始めたら、これがものすごくキツかった！

バランスボールもストレッチポールも、若い人にはなんてことないのかもしれません。でも、75歳を過ぎた身には結構こたえます。終わったらもう何もしたくない。この1時間がなければどんなに人生楽しいかと思うほどです。

ただ、翌日のお昼過ぎあたりからじわじわと体全体がスッキリしてきて、姿勢も良くなります。

筋力がつくわけではないけれど、体の硬くなった部分がほぐれているのを実感します。体がやわらかくなり関節の可動域が高まると、日常の生活もかなりラクになって、つまずきやよろめきも減りました。

よって、私の実体験として、ストレッチは効果的だと思います。自分ひとりでやるのももちろんいいのですが、定期的にトレーナーなど、プロにアドバイスしてもらうことでいい緊張感が生まれ、続ける原動力になるのでおすすめです。

とにかく、体を動かすのを「続ける」ことが肝心です。

筋力の衰えということでは、たとえば、長年ゴルフをやっていた方でも、歳をとってスコアが悪くなると、やめてしまう方が多いようです。でも定年後、やっとゴルフを存分に楽しむ時間ができたというのにやめるなんてもったいないと思います。

スコアの悪さが気になるなら、いいスコアで回れるようルールを変えてみてもいいのではないでしょうか。また次もやりたいという意欲もわくでしょうし、何より、ゴルフを通して仲間と一緒に体を動かし、わいわいと楽しむ。その時間こそが一番大切なのです。

老人はドタキャンOK。
誘われたらとりあえず
YESと言う。

誘われても気乗りしないことが増えたら

1章でもお話ししましたが、75歳を過ぎたら何をするにも億劫になりがちです。加えて、体は使い続けなければ、日一日と衰えを加速させていきます。そんななか、億劫さにかまけて出不精になると、ますます億劫さに拍車がかかります。

知り合いから○○へ行こうなどと誘われても、気持ちが乗らずに断ることが増えていませんか？

高齢者の引きこもりは、寝たきりへの一丁目。ですから、私はこんなことをおすすめしています。

「外からお声がかかったら、ともかくYESと答えるべし」、と。

あるいは、やりたいこと、行きたい場所を思いついたら即、行動。とにかく予定を入れましょう、ということも。

老後には「キョウイク」と「キョウヨウ」が不可欠です。

つまり、**「今日行く(キョウイク)ところ」と「今日(キョウ)の用(ヨウ)事」**をつくりなさいということです。

105歳で亡くなった聖路加国際病院の日野原重明先生は、取材でも講演でもなんでも、依頼はほとんどすべて受けていたそうです。ですから、100歳を過ぎてもスケジュール帳は常に真っ黒。

予定があるということは、とりあえずその日、その時間はそこへ行かなければいけませんからね。体がなんといおうと、必要とされている責任感のほうが勝ります。**歳をとってからは、気力に体力を引っ張らせることが肝心なのです。**

私はよく、「歳をとったら自分の体の声は聞くな」と言います。若いころは「自分の体の声に耳を傾けよ」と言ったものですが、歳をとったらこうなります。

「どうだ、今日の体調は?」

何をするにも億劫さが増す中で、こんなふうに自分に問いかけてみたら、体は必ず「今、疲れているからちょっと休ませてほしい」と言うでしょう。精神的な億劫さに呼応するからです。それを真に受け、体を休ませたとします。

翌日、同じ問いをしたら、体は「今までの疲れがどっと出たようだ。もう少し休ませてほしい」と言ってきます。3日目になると、もう体は動こうとはしません。こうなったら引きこもり予備軍です。

正しい対処法は、1日目に体の声に惑わされないこと。つまり体の声を聞かないことです。

75歳を過ぎたら、気力が体を引っ張る覚悟が不可欠と知るべきです。

ただし、ここでもやっぱり無理は禁物です。当日になって体調がよくなかったり気分がすぐれなかったり、何より、やりたい、行きたいという気持ちがまったくないようであれば無理しなくていい。ドタキャンしてもいいんです。大丈夫です、お相手も状況は同じようなものであり、あなたがドタキャンしても、あまり周囲も気にしないからです。

75歳過ぎてのドタキャンは、お互いさまと心得ましょう。

歳をとってからの仲間も、
案外いい。

いつのまにか気の合う人も変わる

老後を豊かに過ごすのに必要なのは、健康、お金、時間、よき仲間です。この中で一番難しいのがよき仲間ではないでしょうか。特に男性は、自分と遊んでくれる、一緒に過ごしてくれる仲間の有無が寿命さえ決めるといっても過言ではありません。

では、老後はどんな仲間だと楽しいのでしょうか。

まず、**体力も含めて健康の度合いや活動の範囲が似ていること、忙しさを含め時間とお金の感覚、家族状況が似ていること。**逆に古い仲間でも、会って時間をともにする中で、話題を慎重に選ぶ必要がある相手となると考えもの。何気なく話したことが「お前はいいよな」とネガティブに受け止められたりしたら、楽しさ半減。こんな気兼ねをするくらいなら、避けるほうが無難というものです。

歳をとってからの出会いは貴重

意外と、60歳を過ぎてから出会った人や集まる仲間、つまり歳をとってから仲よくなった人たちとは、よい関係が築けるのではないかと思います。たまたま参加したパック旅行で出会った人たちとその後ずっと関係が続いているという話もよく聞きます。そこに集う目的や生活感覚が似ているからかもしれません。

同じような立場で、似たような仕事の悩みを抱えている人や、年齢を重ねてもチャレンジし続けている人、共通の趣味を楽しめる人。そういう仲間といると、励まし合い、意見を言い合い、前向きな気持ちになれます。当然、バカ話だってする。お互いに尊敬できる相手とは、時間を忘れて楽しめるんです。そういうときは不思議と、家に帰っても疲れないもの。明日もガンバロウ！と元気が出たりするんです。ですから、案外、歳をとってからのほうが、いい仲間ができるのかもしれません。

歳をとればとるほど悲しいことに、病気をしたり亡くなったり、集まれる仲間はどんどん減っていきます。ですから、女性も男性も、できるだけ定年退職する前から将来に備えて趣味の仲間やスポーツのチームなど会社とは別のコミュニティに属しておいて、気がねなく話せる仲間をつくっておくとよいと思います。

男性は特に仕事人間が多いですから、定年退職したとたん、気がついたら出かける仲間がいないという話をよく聞きます。その点、女性はあまり心配しなくていいかもしれません。喫茶店で隣に座った人とすぐ仲よくなれるくらいコミュニケーション能力が高いですからね。

いずれにしても、余計な気を遣う相手と無理してつきあわなくていいと思います。この歳までがんばって生きてきて、それくらいのわがままは許されるでしょう。まさに〝非まじめ老人〟です。ただし、老後ひとりぼっちになったり、引きこもりになったりするのがイヤならば、元気なうちから気兼ねなく付き合える仲間をつくる努力はしておきましょう。

老人が不機嫌なのは、
自分に腹が立っているから。

腹をたてている相手は自分

年寄りはなぜいつも難しい顔をしているんだろう、ブスッとして……。若いころ、私もそう思っていました。でもね、自分が75歳を過ぎたら、その理由がわかってきました。

まず、**これまでスムーズにできていたことができない自分自身の情けなさに、常に腹がたっているんです。**思い出せないことが多くなってきたことにイライラし、歩くのも階段を上がるのも、イメージどおりにいかなくてつまずく。やらなきゃいけないことがあっても、なかなか思うように進まない。そんな自分にまた腹が立つわけです。

加えて、何をするのも本当に億劫。気を抜くと、話を聞くのもあいづちを打つのも面倒になってくるくらいです。

私自身、家内に「うちにいるときはいつも不機嫌そう。ごはんを食べているときはほとんどしゃべらないし、私と一緒にいるのがそんなにイヤなのかしら」と言われています。でも許してください、わかってください、この気持ち。

また、別の理由もあります。仕事中はもちろん、来客や会食、講演会の最中などは気が張っているし、それなりに自分に期待されている役割を果たそうと必死です。でも、終わって車に乗った瞬間、どっと疲れが出て、口を利くのも面倒になります。

そういうわけなので、家に帰ると「ただいま」とだけ言って「もう寝る」と寝室に直行です。それは単に、クタクタなだけなんですよ。緊張の糸が切れて、燃え尽きているんです。

歳をとると、一瞬はがんばれても、持続しない。その後の落ち込みも激しく、心も体も余裕がない。ですから、自分自身も含め、家族も周囲の人も、「老人はみんな不機嫌に見える」とあらかじめ認識しておくとよいのではないでしょうか。

そもそも、不機嫌だとしても他人に腹を立てて不機嫌なんじゃないんです。老人はブスッとしていても、燃えつきて心の余裕を失っているだけと理解してください。そう考えれば、お互いに気がラクになります。

老人に過労死なし。
働き過ぎて
ポックリ＝ピンピンコロリ。

老人は頑張り過ぎるくらいでちょうどいい

講演会で私がよくお話しするのが、「老人に過労死なし」。

そう言うと、だいたい皆さん（ほとんどが高齢者の方ですが）、「ええ？」という顔をされます。

過労死は、社会的にも大きな問題になっています。過労死は精神的にも肉体的にも大きな負担がかかり続けることが原因で起こるので、取り返しのつかないことになる前に、必ず心身を休めねばなりません。

ただ、過労死の危険が大きいのは、働き盛りの人たちです。この年代の人は体力もあり、精神的にも頑張りがききます。それが故に無理を重ねて頑張り過ぎてしまい、ときには体を壊し、ときには精神的に追いつめられて死に至ることも。

その点、高齢になると、頑張り過ぎることができない。**いえ、どんなにやる気があっても、あるところから体がついてこなくなります。**ですから、過労死の心配はあまりしなくていいですよ、とお伝えしています。


もし万が一、高齢者が頑張り過ぎてポックリ逝ったとしても、それこそが、多くの人が自分の人生の終え方として理想に描き、夢に見る「ピンピンコロリ」といえるのではないでしょうか。

自分がしたいことをやりながら死ねるなんて、考えようによっては多くの高齢者の憧れです。

4章
家族もお金も割り切りでうまくいく

子どもとの
同居がきっかけで
衰えが加速することもある。

同居にはリスクがある

老化を加速する要因というのは、いくつかあります。なかでも、私が大きな要因と考えているのは、家族の余計なおせっかいです。

たとえば、ひとり暮らし、あるいは夫婦ふたりで暮らしている高齢者のもとに家族が訪れたとしましょう。以前より家の中がどんどん汚くなっているうえ、本人も身の回りのことに気が回らなくなっている。そんな姿を見て、ひとりあるいはふたりで生活させていることに不安を抱き、同居を持ちかけます。

もちろん、高齢者側としても、歳をとると、自分の体力、気力の衰えを実感することが増えますから、生活するうえで不安になったり、自信をなくしてしまうことも少なくありません。当然、それは家族にも伝わります。家族としては、足腰がおぼつかない高齢者をひとり、あるいは夫婦で置いておくのは危険だと、ある時期になると同居を考え始めます。

ところがこれが、老化をさらに加速させる一因にもなるのです。

家族と一緒に暮らし始めると、これまでなんとか自分でやってきた料理や掃除などを、途端にやらなくなる方が多いようです。というより、危なっかしいから見ていられないと、家族にさせてもらえない場合が多いのかもしれません。

そうすると、**自分で生活を回していくという気概がなくなり、同居する前にできたことまで、できなくなっていきます。**おまけに、何もやらないことで足腰の衰えも一段と加速してしまう。家のことを何もやることがない、家族のお荷物になっているのではないかという後ろめたさで、気持ちが後ろ向きになる人もいます。

そうなったらそうなったで、家族としては「もっと元気だと思って同居したのに。だから介護はたいへんだ」という気持ちになるんですね。同居してまもなく親が認知症になってしまった、というケースもたくさんみてきました。

確かに、もっと若くて元気なときと比べれば、食事が不規則だったり、部屋が散らかっていたり、お風呂もまめには入っていないかもしれません。でも、それで近所に迷惑をかけているわけでもありません。高齢者の家で火の不始末があると、どうしても認知症と結びつけられがちですが、確かな根拠があるわけではないのです。

本人に頑張る意欲があるうちは、少々認知症があっても、それなりのひとり暮らしは維持できるのです。

多少、判断力が鈍くても足腰が悪くても、自分が動かないと一日の生活が成り立たない――そんな環境こそ、高齢者にとって一見酷なようでいて、実はもっとも老化防止に役立ち、認知症の進行を防ぐ効果があると私は考えています。

他人に気兼ねせず、自分のペースで暮らすことができるだけで、自分のもてる力を全部出し切ることができます。ですから、高齢者がギリギリまでひとり暮らし、あるいはふたり暮らしを続けることは、ご本人にとってもいいことづくめだと思っているのです。

孤独でない孤独死もある

老人のひとり暮らし大歓迎。さらには、孤独死で何が悪い。

こう言うと、とても過激に聞こえるかもしれません。しかし、これまで多くの認知症の方をみてきましたが、私たちが考えている以上に、みなさん軽い認知症ならば、ひとりで生活を営むことはできるのです。

ひとり暮らしの延長線上にある孤独死だって、私は改めて評価されるべきだと思っています。だいたい「孤独死」という言葉自体、かわいそう、悲惨だ、迷惑だというイメージを強調し、どこか決めつけを含んだ表現でイヤですね。老後の時間を家族や友人たちと断絶して過ごし、亡くなった後もしばらく発見されない――そうした意味で使われています。

でも、私の考える孤独死は違います。

一人の時間をもち、生活を楽しみ、そしてある時、亡くなる――亡くなった直後は、諸々の手続きなど、周囲、あるいは家族の手を煩わせることがあるかもしれません。でも、そこに悲壮感はありません。本人が自分のもてる力を出し切って、ひとりで静かに逝くことは、ある意味理想ではないかと私には思えます。

現代社会、特に都会では自由気ままにひとりで暮らす生活をよしとしてきました。なのに、死ぬ間際になると、一概に急にかわいそうだと決めつけるのは、ちょっとおかしいのではないでしょうか。

そのうえで、最期までできるだけ他人に頼らない生き方として、孤独死はもっと評価されるべきだし、社会はもっと寛容になるべきだと思います。

会社員時代のプライドは
さっさと捨てたほうがいい。

二一

定年後に見た父親の変化

2章で紹介した親思いの女性のお父さまの話には、続きがあります。普通のサラリーマンを定年まで勤めた後、数年間、小さな会社の顧問をなさっていたといいます。

「サラリーマン時代と比べて、出社する日が少ないとはいえ、行く場所があるころはまだよかったんです。でも、顧問の役割も終えたら、毎日家にいるようになって、いわゆる定年退職後の生活が始まりました。

もともと父は、やかんでお湯を沸かしたこともなく、もちろん炊飯器のスイッチがどこにあるかも知りません。家事なんてとんでもない！　自分の下着だって、どこにあるかも知りません。母が全部準備してきたので。

趣味は、テレビ。リモコン片手に、ソファにずっと座って、一日中テレビを見ていました。動くのは、トイレとごはんのときくらい」

そういう男性、意外と多いんじゃないでしょうか。その先、何が起こったか、容易に想像がつきますが……。

「ある日、ついに母の堪忍袋の緒が切れたんです！　いいかげんにしてちょうだい！　掃除だってロクにできないし、ずっとそこにいられると、自分のペースで家事ができないのよ。なんでもいいから出かけて！　と」

やっぱり……。それで、お父さま、どうされたの？

「それが1週間後、働きに出たんですよ。自分で、新聞の求人で見つけたらしく、ちゃんと面接も受けて」

「その仕事、なんだと思います？　これがまた意外で、近所の高級マンションの管理人だったんです。縦のものを横にもしない、掃除はおろかゴミ捨てすらしたことがないのに、ほんとに大丈夫?と母と一緒に心配していたら、どうやら、掃除もゴミ捨てもすべて、完璧に業務を遂行しているらしく、数カ月後には住人の方からお菓子や果物を差し入れていただくようになったんです」

それは素晴らしい。住人に感謝される管理人さんなんて素敵じゃないですか。

さらに、お父さまの変化&進化は続いたようで……。

「毎日、始業時間よりも2時間も早く行ってエントランスを掃除しているようでした。人の出入りが少ない早朝のほうが邪魔にならず掃除できるからと。しかも、掃除器具で必要なものをリスト化したり、掃除をする場所や項目がひと目でわかるように一覧表をつくってチェックしたり。交代の方ともスムーズに申し送りができるよう管理人業務の流れをまとめたり。

自らすすんで、改善や工夫をしていたようなんですよね。住民の方からの感謝の声と合わせて、管理会社からの評価も高まって、どんどん給料が上がって……。父もうれしかったようで、イキイキし始めて背筋も伸び、毎日掃除で体を動かすおかげで、痩せてベスト体重にもなりました。人って変わるものなんですねぇ」

働き続けることの意味

実はこの変化、だれにだって起こりうることです。男性は特に、ものごとを工夫したり改善したりすることが好きな方が多いようです。そしてなにより、これは男性に限りませんが、**人はだれかに必要とされることがいちばんの活力源となるのです。**

これこそが、働き続けることの意味だと思います。

周りから期待され、何かしらの役割を持っていれば、社会とのつながりを持ち続けることができ、社会の中で自分自身の存在価値が感じられます。加えて、働く対価として収入が得られ、自分の自由になるお金ができれば、老後の生活や楽しみは一気に広がることでしょう。

私の経験上、サラリーマンだった方、なかでも役職に就いた後に定年を迎えた方に職がないと嘆く方が少なくありません。これはなぜかというと、プライドが邪魔をするからです。「こんな仕事できるか」などと内心思っている方、多いのではないでしょうか？

今すぐそのプライドを捨てて、働きに出ましょう。

ちなみに、先ほどの生まれ変わったというお父さまは、今では自宅の玄関の掃除をお母さま以上に美しくやり、ゴミも完璧に仕分けし、家庭でもきわめて貴重な存在になり、大変感謝されているそうですよ。

老後の貯金、いつ使う？
今でしょ！

今まさに「老後」になった

周囲の男性陣を見ていて、あることに気がつきました。それは、定年で第一線を退き、収入がなくなったとたんにお金を使わなくなる人が多いということ。大企業の部長まで勤め上げ、それなりの財産もあろうと思われる人でもやたらにお金に細かくなり、少しでも出費を減らそうとする。身なりにもお金をかけなくなり、「年金暮らしの身だから……」という言葉が繰り返してきます。

ちなみに、女性は案外そうでもなく、貯蓄があるならそれを切り崩して楽しめばいいという方が多いように思います。

歳をとったらつつましく生活する、質素に暮らすのは、「美徳」とされてきました。確かに、乏しい食料や資源を分配しながら暮らしていた時代は節約が社会に対する務めでもありました。でも現代の日本はちょっと違います。お金を貯めた人が使ってくれないと世の中がまわらない時代になったのです。

日本人は欧米人に比べれば貯金好き、蓄財好きだと言われてきました。しかし、若いときからなんのために貯金、蓄財してきたのでしょうか。病気になったり、歳をとって「稼ぎのなくなったときに備えて」だったでしょう。

しかし、老後となった今、やはりその財産に手をつけず、年金の範囲内で暮らそうとしています。

私はこれを、日本人の奇妙な風潮だと思っています。ないお金を使えとはいいません。自分のつくった財産は自分で全部使いきれともいいません。でも、**自分でつくった財産のせめて半分は、生きているうちに使いませんか。**

たとえば今あなたが70歳男性なら、平均余命は15年。平均余命ということは、15年生きる確率は2分の1。よって、持っている財産の半分を15で割った分が年間に取り崩せるお金の目安となります。年金もありますし、この取り崩し分を足して使うだけで、生活はうんと充実するはずです。もし平均余命より長く生きたとしても、財産はまだ半分ある。そう考えれば、不安も減ります。

こんな話がありましたね。100歳を超えて一世を風靡したきんさん・ぎんさん。稼いだお金をどうするの？ と聞かれて、「老後に備えて貯金します」と答え、みんな大笑いしたという話。でも、世の中の高齢者、特に男性はまさにその世界にいる方が多いように思えます。

あなたの貯金、今使わないで、いつ使う？ 今でしょう。

年金収入だけだから今月はこれしか使えない……と必要以上に切り詰めて暮らしも気持ちもギスギスするくらいなら、楽しく使って笑顔で過ごしたほうがいいと思いませんか。

年金をあてにするな。
蓄えるより働け。

不安に思うなら、稼ごう

老後のお金を使えといっても、やっぱり使えない。その理由は、「いくつまで生きるかわからないから」「将来にわたって年金がきちんともらえるかどうかわからないから」が二大要因のようです。

それほどお金のことが不安なら……。

ずばり、「稼ぎましょう」。**今稼がないで、いつ稼ぐ？　今ですよ。**

長生きを不安に思うというのは、まだ体が動き、元気があるということ。となれば、少しでも体が動く間に、給料が高くなくてもいいから働く。発想の転換です。「稼ぎに追いつく貧乏なし」ともいいます。そもそもお金は、いくらあったら安心というものではないのではないでしょうか。ですから、**お金の心**

配ばかりするよりも、コツコツとできる範囲で働き続けるほうが気持ちの面でも、生活の面でも健全だと思います。

働くとなれば、まずひまつぶしになり、引きこもり防止にもなる。第一、社会のお荷物という意識を持たなくていいだけでも元気になります。

社会の少子高齢化は、これからもっと加速します。働き手がどんどん減り、定年後の高齢者の手も借りたい時代に必ずなります。仕事を選び過ぎなければ、働きたくても仕事がない、ということはまずないでしょう。

年金生活で切り詰めて、それまで貯めた貯金はすべて子どもや孫に残すという発想ではなく、働いてお金を稼ぎ、貯蓄は自分たちの楽しみのために使う。日本の高齢者がみんなこの発想になったら、もっと日本は活気づくと思います。

年金に頼らない暮らしが、ひいては、未来の子どもたちを救うことにもつながるともいえるのではないでしょうか。

一生働くとはどういうことか

少子高齢化に伴う働き手不足が叫ばれる中、定年退職の年齢をもっと上げろという意見が出ています。まだまだ元気な60歳を定年とするのではなく、5年、10年引き上げて65歳か70歳にしようというものです。そのぶん社会としても、パンク状態にある年金の支給開始を少しでも後ろ倒しにできるというメリットもあるというわけです。

そもそも日本人は欧米人と違い、働くこと＝人生の意義ととらえ、苦役ととらえていません。65歳を過ぎても働く意欲があり、能力も十分に備えています。

そんな人を早々に引退させ、社会のお荷物のように扱うのは、日本社会としてもったいない限りです。

また、60歳以上の人を対象にしたある調査によれば、**約7割の人が70歳過ぎまで、あるいは働ける限り働きたいと答えています。**70歳、80歳まで働ける環境をつくるうえで最大のネックは現行の年功序列の賃金制度です。年齢に応じて賃金設定が自由にできないため、働く側も雇う側もしんどいのです。

そこで提案です。長く働ける世の中にしようというなら、いっそのこと定年の年齢をもっと早めたらどうでしょう？　たとえば、45歳あるいは50歳を定年とするのです。

会社側はその時点で、本人の能力や適性を見直し、次の20年を見据えて以降の契約をリセットできます。個人にとっても同様です。雇う側にすれば、50歳の時点で能力に応じた給料を一から設定できますし、雇われる側にしたら、多少給料は下がったとしても、そこから20年、30年とぎりぎりまで働けるなら、65歳で定年退職するより、トータルでもらえる生涯賃金は高くなる可能性があります。

実際、今の高齢者は75歳くらいまでは十分働ける方が多いでしょう。となると、会社にとっても個人にとっても、45歳や50歳で一度リセットできれば、25年スパンでその後の計画が立てられるわけです。

この場合は、もちろん、50歳以降も働ける能力と体力、気力があることが前提です。体力に応じた働き方をお互いに見定めていかないといけません。

「年金は75歳からしか払えないから、75歳まで働け、企業は雇え」と頭ごなしに言われると、互いに不満も募ります。でも、75歳まで働ける仕組みをつくろうというところから始めれば、まだまだ働きたい側と、働き手が欲しい側との需要と供給は成り立つのではないでしょうか。

こんなふうに歳をとっても現役で、働けるところまで働き続けるという考えをもって人生をとらえたほうが、豊かな老後を過ごせるのではないかと思うのです。

家族だからこそ知っておきたい。
大切なのは、
ありがとうとポチ袋。

老後に家族が円満でいるには

世の中の多くの人が老後の生活で最も勘違いしているのはずばり人間関係、それも「家族」との関係ではないでしょうか。特に男性は、「自分は家族のために一生懸命に働いて貢献してきた。自分が働けなくなり、周囲の助けがなくては生活がままならなくなった今、社会や家族が自分の面倒をみてくれるのは当然だ」と思いがちです。

でも世の中そうは甘くありません。社会の問題は別にして、稼ぎがなくなり家族への貢献がなくなれば、3カ月もすれば単なるお荷物的な存在になるのは世の定め、悲しいかなそれが現実と自覚することが出発点です。

日ごろから家族とよき人間関係を築いていればよいのでしょうが、平日も休日も仕事や接待ゴルフなど、とにかく仕事中心で生きてきた世代は、家族との時間は後回し。いざ老後の生活に突入したら、家族とどう過ごしていいかわからない……。そういう男性、多いと思います。

厳しいようですが、まず、過去の自分の功績はすべて忘れて家族の役に立てるよう努力をするか、百歩譲って負担をかけないように暮らすしかありません。それでもやがて家族の助けなしには暮らせない時期がやってきます。

さて、どうしますか。私は、老後も家族とよき人間関係を保ち続けるには、大切なことが2つあると思っています。

1つめは、我々世代の男性が一番苦手とすることかもしれませんが、まず感謝の言葉を発し続けることです。不思議なことに、「ありがとう」と言葉を発すると、気持ちは後からついてきます。

その気になれば、感謝する理由はいくらでも見つかります。「おいしいごはんをありがとう」「片づけてくれてありがとう」「洗濯してくれてありがとう」。まず、これまで当たり前だと思っていたことすべてに、「ありがとう」と言ってみるのです。

これは余談ですが、100回「ありがとう」と言ってみてください。自分も必ず幸せな気分になります。

感謝されて悪い気がしないのは、これまた人の常です。それだけで家族は笑顔になり、あなたの存在価値は高まります。さらに、感謝された人はあなたのためにもっと何かしてあげようという気持ちになるのです。

そして2つめは、身も蓋もないかもしれませんが、お金もまた、感謝の言葉と同じように人を動かす力をもっています。日本人は人間関係、特に家族との関係にお金を絡ませることに抵抗感があるように思いますが、そこは発想の転換です。

お金で幸せを買えるわけではありません。

でも、お金によって回避できる「不便」「不自由」「気兼ね」「さみしさ」等があるのも事実。老後というのはまさに、これら「不便」「不自由」「気兼ね」「さみしさ」が塊となって押し寄せてきます。これを回避するために、今こそ活用するのです。他人に対してはもちろんのこと、家族や身内に対しても同じこと。感謝の言葉にお金を絡ませるのです。

具体的には、何かしてもらったら「ありがとう」の言葉とともに、さっとポチ袋を渡すこと（もちろんお金を入れて！）。中身をいくらにするかはあなたの腕の見せどころ。**ポイントは、その都度こまめに決済することです。**

身内だからこそ割り切りが必要

悲しいかな、ご本人にある程度蓄えがある場合は特に、子どもや親族に対して「死んだら財産はすべてお前たちにやるから、それまではしっかり面倒をみてくれ」という考えの方、多いかもしれません。でも、そう言われたほうはいつか財産がもらえるなら、という気持ちでその通りにしてくれるでしょうか？

実際、そうはうまくいかないでしょう。人の心理はもっとシンプルです。たとえ身内であっても、いつ入ってくるかわからない未来の大金より、今すぐ手に入る3000円のほうが魅力的に感じるもの。日々、身の回りのお世話をしている人にとってはなおさらです。

たとえ家族に面倒を見てもらっている場合でも、助けてもらったことに対してその都度、小額であっても金銭でお返しする。**身内同士でお金のやりとりなんて水くさい……と感じるかもしれませんが、身内にこそ割り切りが大事なのです。**

食事の世話はいくら、送り迎えはいくら、入浴の手伝いはいくら、と金額を明確化して、その都度こまめに現金で支払うのもいいですね。かわいらしいポチ袋などに入れて、さりげなくさっと。これは、親子関係に限らず、老後の人と人の関係を円満に保つために最も大切、かつ有効なポイントです。

相手が労をとってくれたことに価値を認め、相応の代償を払うことで、お互いの「甘え」や「貸し借り」のモヤモヤがなくなるのです。

そして、ポチ袋を差し出す際には、必ず「ありがとう」とひと言添えましょう。もちろん、お金を支払うときだけではなく、何かしてもらうたびに「いつもありがとう」「こんな幸せな気持ちでいられるのも、あなたのおかげだ」と、感謝の言葉を常日ごろからきちんと表現することです。それだけで、お世話したり手伝ってくれる側の気持ちはほぐれ、疲れも吹っ飛びます。

感謝の気持ちは、言葉（ありがとう）と態度（お金）できっちり示す。やってもらって当たり前と思う気持ちを捨てる。親子、家族、身内であっても同じことです。その心持ちひとつで、人間関係は驚くほど円滑になります。

お金と言葉は、両方必要です。「ありがとう」の言葉を必ず添えて、お金を渡す。それだけで、渡したお金が500円、数千円であっても、それは数十倍の価値を生み出すことを覚えておいてください。

財産は残すな。
使い切るのが子どものため。

老後の沙汰は金次第？

お金というのは、日々のささいなことから人生の大きな決断まで、ことをうまく運ぶ手段としては不可欠です。とくに老後、歳をとってからそのことを実感することが多くなります。

一方で、お金は火種にもなります。とくに財産は、残せば残したで、あとあと必ずといっていいほど揉《も》めます。これまで、そんな例をたくさんみてきました。

最近、相続の節税対策として生前贈与をする方が少なくありません。その胸の内はというと、「何かあったら、その見返りに子どもがしっかり面倒をみてくれるだろう」という期待であったりするのではないでしょうか。

でも実際は、人の気持ちはそう簡単ではありません。子どもといえども人の子、いったん自分の懐に入ったものは、たとえそれが親のためであっても簡単には手放さないのも私が見てきた厳しい現実です。

そんな淡い期待を抱いて裏切られるくらいなら、前項で述べた「ありがとうとポチ袋」のように、世話になったらその都度、現金で支払ってその場で終わらせたほうがスッキリしませんか。そんなふうにして最後は財産を使い切るくらいの生き方が、自分も子どももわだかまりなくよい関係が保てると思います。

貯

老後はキャッシュを用意する

金や財産について、注意していただきたいことがあります。

それは、財産があるといっても、それをすべて自分で好きに使えるとは限らないということです。**たとえば財産が不動産であったり、現金化するのに他人の手を借りなければならない種類のものは要注意。**また、ケガや病気で動けなくなったり、認知症が始まったりすれば、銀行に行くこともお金を引き出すこともできなくなるのです。**そんな場合、財産のすべては、家族にゆだねられることになると覚悟せねばなりません。**

では、財産が家族にゆだねられた後、本人が体調をくずして施設や病院に入ることになった場合、どうなるでしょう。だいたいにおいて、子どもが親のためにと施設を選ぶと、親が思い描いていたレベルの金額でいうと3分の1くらいの施設に落ち着くといいます。そもそも、親と子では金銭感覚も違うのです。

子ども側からすれば、親の介護にいくらかかるんだろうという不安もあるでしょう。一方で「財産のいくらが自分たちの手元に残るのか」ということも気になる。いずれにしても、本人から家族へと経済的な支配権が移ったら、そのお金を親のために十分使ってくれるとは限りません。財産のこととなると、「老いたら子に従え」ならぬ「老いたら子を疑え」くらい思ってちょうどよいのではないでしょうか。

自分の手元にある現金が、本当の意味で自由になるお金。

これを覚えておいてください。このお金がないと、感謝のポチ袋も渡せません。よって私は、「老後に備えてのキャッシュ化」を心がけています（笑）。そのために、仲間内ではまず金庫が必要だろう、どんな金庫がいい？　などと話し合っています。

子どもや家族には、「自分のことはできる限り自分でする。そのためにお金を使う。だから、財産はアテにしないように」と宣言しましょう。

そうは言っても、現実には家族にお金を残して死ぬ人がほとんどなのです。
「目いっぱい使ってから死のう」と思うくらいで、ちょうどいいのだと思います。

愛情だけで介護はできない。
頼りになるのは、
家族以外の第三者。

介護はプロの仕事

歳をとって、やがてひとりではできないことが増えてきたとき、それからの晩年を豊かに生きるために、お金以外にも大切なことがあります。

それは、「家族ではない第三者」の存在です。

日本では、衰えたとはいえ今もって大家族制の影響が色濃くあり、いまだに介護する側は「自分の親は自分で見送るのが人としての務め」、介護される側も「施設に入るのはイヤだ。住み慣れた家で家族に面倒をみてもらいながら最期を迎えたい」と考える人が多いように思います。

一方、ヨーロッパの場合は、親と子の関係はもっとドライです。成人したら親は親、子は子。次世代との同居率も低く、高齢になって親が施設に入ることに対して本人たちも家族も何の抵抗もありませんし、周囲からの非難もありません。むしろ、人生の最後を豊かに過ごすために国がそうした施設をきちんと整備すること、介護の質を高めていくことをみんな求めています。

「愛情さえあれば、介護は家族がいちばんうまくやれる」という思い、これこそが大きな誤解です。

家族による介護の難しさとして、まずは「いつまで続くかわからない」という点があります。「今こそ恩返し」などと最初は張り切るかもしれませんが、介護は想像以上に長丁場です。ゴールが見えないまま、一人で走り続けるのは本当に大変です。

次に、介護には愛情に加えて知識と技術、経験、そして道具やしくみが不可欠です。

最後に、精神力、とでも言いましょうか。子どもにとって親が崩れていくのを見ることの辛さ、難しさというのがあります。

もし親が認知症になった場合、それまで子どもとして抱いていた親のイメージはガラガラと音をたてて崩れていきます。物忘れは激しくなり、同じことを何度も言ったり、お漏らしをしたり、町中を徘徊したり。

家族の精神的なショックは、計り知れません。最初は頑張れても、家族はその現実に耐えきれなくなって、親に厳しく当たってしまう。逆に、親は親でその気持ちが伝わって、自分が情けなくなるうえに、親をなんだと思ってるんだ、と怒りもこみ上げてきます。

互いに期待しないからうまくいく

最大の敵は、お互いの甘えです。どんなに仲がよい親子でも、親子であるがゆえに難しい。けれども、それが他人だったら受け入れられます。なぜなら、自分の親でなければ、崩れゆく姿も淡々と受け入れられ、割り切りもできる。だからこそ私は、介護には他人を絡ませることをおすすめしています。絶対に、第三者というワンクッションを入れたほうがいいのです。

「わが親を人に預けてボランティア」

自分の親の面倒は看られないけれど、他人の親ならうまく看ることができるといった意味の川柳です。介護の神髄をとらえた名句だと思っています。

何度も言うようですが、介護は、気持ちさえあればできるものではありません。プロの立場からすると、体を起こす、位置を変える、食事の介助、排泄の世話、すべてにコツがあります。実際、介護される側も大変なのです。体ひとつ起こしてもらうにしても、素人がやると力まかせになってしまい、かえって体を痛めてしまうこともあります。

知識、経験、技術があるプロの手にかかると非常にスムーズです。**家族による介護は、する側もされる側もお互い負担が大きいことを知っておいてください。**

あたりまえのことですが、誰にもプライドがあります。いくつになっても、たとえ認知症が始まっても、他人の前ならいいカッコしようとして、自然と気を若く保つもの。そういう意味でも、第三者の存在が大切になるのです。

看る側、看られる側の心得。
「非まじめ介護」のすすめ。

介護は短距離ランナーでは続かない

阿川佐和子さんとの共著『看る力』のなかで、現在、お母さまをご自宅で介護されている阿川さんがこうおっしゃっていました。

「介護にゴールはない、長期戦と心得よ」「60点で良しとしよう」「後ろめたさをもて」「介護はマラソンではなく駅伝、できるだけたくさんの人を巻き込むべし」

この4つは特に、介護をする側にとってもっとも大切な心得です。

まじめで、親、あるいはパートナー思いの方ほど、ひとりで何もかも背負いこみ、恩返しだと思って必死で介護に取り組みます。でも、それでは長く続きません。前述したとおり、介護はプロの手を借りる、あるいは第三者を絡ませるのがいちばんです。

その前提として、介護は「非まじめ」であれ、と私は強く思います。これからの時代、60代、70代が80代、90代の親を看る「老老介護」の時代です。まじめに介護に取り組んだ先には、共倒れが待っています。

介護する側も、「非まじめ」に。ちょっと手抜きしていいし、どんどん周囲を巻き込み、ときには押し付けたっていい。「介護はかくあらねばならぬ」という常識にとらわれず、もっと気楽に肩の力を抜きましょう。

甘えや期待を捨て、適度な割り切りと「非まじめ」さをもった介護を。それがこれからの時代の老老介護を解決するひとつの方法だと思います。

5章

今こそ本気で「死に方」を考えよう

人はいつか死ぬ。
必ず死ぬ。
そろそろ本気で
準備を始めよう。

その日は明日かもしれない

皆さんは「死」をどれくらい身近に感じていますか？　そもそも、どの程度本気で「いつか自分も死ぬ」と思っているでしょうか？「死」は、生きている限り、自分で経験することはできません。身近な人を亡くしたり、本や映画で見聞きしたりして「死」をイメージはできても、死ぬことがどんなことなのかというと、本当のところはわからないですよね。もちろん、いつ「死」が来るのかもわかりません。

私は若いころ、フランス留学中に、大きな交通事故を経験しました。3カ月の間に二度、しかも即死でもおかしくないほどの大事故でした。そのとき初めて、死は日々の暮らしのすぐそばにあるということを痛感しました。同時に、人はなかなか死なない、ということも……。

そんな大事故で九死に一生を得て「いつか必ず人間は死ぬ。それは今日かもしれない」ということを肌で感じたにもかかわらず、しばらくすると忘れてしまうんです。「それだけ強運なんだから、そう簡単には死なないだろう」というふうにも思ったりして。これは自分でも不思議な感覚です。

でも、**私もあなたも必ず死にます。そしてその日は間違いなく、日一日と近づいています。**来るべきその日に向けて、少しずつでも準備を始めませんか。

遺影の準備から始めてみる

お葬式というのはその人の人生の集大成。あらゆることにそれが込められています。たとえば遺影。ときどき、いかにも間に合わせというか、生前のその人とかけ離れた写真が使われていることがあります。若くして突然

に、という場合は別にして、ある程度の年齢の方だと、ちょっと準備不足の感が否めません。「まさか死ぬとは思っていなかったのだなぁ……」と、自分と年齢が近い人だと特に、自らと重ね合わせて複雑な気持ちになるのです。

死はいつ訪れるかわからないことを思えば、遺影は準備しておいて損はないでしょう。写真スタジオなどで撮影してもいいでしょうし、お気に入りの写真を選んでおいてもいいですね。

あんまり若いころの写真は避けましょう。葬式で仲間たちに「ずいぶん若いころの写真だね。最後まで見栄っ張りだなぁ」などと酒の肴にされかねません。写真を決めたら、遺影はこれにしてほしいと、あらかじめ家族に伝えておくことが大切です。

こうして遺影を準備することは、人生の最期を思う契機になります。かく言う私も、まだ遺影を準備できていませんが、急がなければなりませんね。

何歳まで生きるのか、
死に方を
シミュレーションする。

どんなふうに死にたいか？

もし100歳まで生きるとしたら、一番の心配ごとはなんでしょう？　お金？　がんなどの病気？　認知症？　どこでどう死ぬか、でしょうか？

おそらく一番想像しづらく、見て見ぬふりをしたいのが死ぬ直前の2〜3年でしょう。でも、あえて思い描いてみることで、心配だけに終わらず、豊かな晩年のためにできることが見えてくると思います。

そのために、「死に方の人生設計」をしてみませんか。

ペンとノートを用意して、以下の順に書き出してみてください。

※ポイントは、「最悪の状況」を想定することです。

1. 死期を想定します（よくわからない方は、仮に85歳あたりとしましょう）
2. そのときの家族の年齢は？　状況は？
3. そのとき、どんな暮らし、生活を送っていますか？
4. その前の5年間（80〜85歳）、あなたはどうなっていますか？
・認知症は始まっているか？
・寝たきりになっているか？
・ガンなど病気にかかっているか？
↓日常生活をひとりで送れる状態ですか？
5. もし家族の手に負えない状況だとしたら、どこで暮らしていますか？
・自宅
・施設
・病院
6. 施設や病院に入っているとしたら、お金はどれくらいかかっていますか？

どう工面していますか?

※社会保障制度は今のように手厚くないと想定しましょう。
年金は減り、医療や介護の自己負担金は間違いなく増えているでしょう。

いかがですか?

年齢を重ねるごとに、書かれる内容も具体的になったり、すこしずつ変わっていったりすることでしょう。こうして、**仮にでもこれから起こるであろうことを思い描き、そのとき自分ならどんなふうに暮らしたいかを自分自身に確認してみると、そのつど、やるべきことが見えてくると思います。**

病 死ぬ場所は元気なうちに決めておく

院や施設には入りたくない。最期まで家族に看てもらって自宅で息を引き取りたい。そう考える方は少なくないようです。

では、自宅で亡くなるまでをもっと具体的にイメージしてみましょう。ピンピンコロリで亡くなる方もおられますが、最期の数カ月、多くの人は寝たきりになり、下の世話をしてもらうことになります。さらに、痰がからんだり、急に高熱が出たり、胸の苦しさや腹痛をおぼえたり、突然意識がなくなったり、大量の血を吐いたり……。そうなると当然家族はパニックになります。

かかりつけの医師がいたとしてもすぐに駆けつけてくれるとは限りません。多くの人は救急車を呼び、救急病院に運び込むでしょう。

その場合、病院は患者が何歳であろうとあらゆる医療技術を駆使して延命します。救急病院は、命を救い、少しでも長く生かすことがその使命だからです。こうして、誰もが望まない形での長生きが始まるのです。

こういった例を含めて、最期まで家族に看てもらい、自宅で息を引き取ることを望むというのは、自分でも望まない最期の形を背負い込む危険もあるのです。

もちろん、そうした状況を話し合ったうえで、それでも自宅で最期を迎えたいという結論にいたれば、それは素晴らしいことです。

ただ、なんとなく家族による介護が一番よいと考えている方は、最期は自宅で迎えるものという思い込みをいったん捨ててみませんか。

そのかわりに、自分の最期が見えてきたときに転がり込むとしたら、どんな施設がいいだろうと考えてみるのもよいでしょう。不思議なもので、人間は

「死ぬ場所はここだ」と決まれば、漠然とした不安からも解放されます。

家を借りる、あるいは買うとき、皆さんはいくつも内見をして検討を重ねて決めますよね？　最期の場所を決めるときも同じです。そもそも、高齢者のための施設がどんな場所なのか、訪れたことがありますか？　**元気なうちに、いくつかの施設を気楽に、見学してみることをおすすめします。**それが第一歩です。

見学する際のポイントは、ひとつは立地や設備、費用などを自分の目で確認し、気になることは遠慮なく施設の担当者に聞くことです。

もうひとつは、**「そこで働いている人の表情や立ち居振る舞い」を見ること。実はこれが一番大切なチェック項目だと私は思っています。**

働く人の表情や振る舞いには、自分の仕事への誇りや自信、心の状態が自然と表れます。だれもが生き生きと楽しく働いている職場と、疲れ切ってどんよりした職場、どちらがよいかはあきらかです。

もし、働いている人が仕事の内容や待遇面で虐げられているとしたら、その不満の矛先はどこに向くでしょうか。当然、自分より弱い立場の人間、つまり面倒をみてもらっている人たちです。職員の方がどんな表情で働いているのか、しっかり見定めましょう。

タイミングは早すぎないほうがいい

施設を見学して、家族とも話し合い、いずれ入りたい施設が決まったら、次は入所するタイミングです。まず、元気なうちに入ることはおすすめしません。

不安にかられて早いうちに施設や病院に入りたいとおっしゃる方もいらっ

しゃいますが、自分でそれなりに動けるうちは、「ああしたらいいのに」「こうしてくれたらいいのに」と、入所先でイライラや不満がつのりやすくなります。私どもの病院でも、ご家族が入院の相談に来られた場合、ご本人がまだ元気で自分で自分の面倒をみられるようなら、「もう少し自宅でがんばってみては？」とお伝えしています。

入所の時期は、できるだけ先延ばしにしましょう。自分のもてる力をすべて出し切って、部分的に手伝ってもらいながら、ギリギリまで自立した生活を送ることです。

そう覚悟を決めれば、ポジティブに生きられます。いざとなれば、ここと決めた転がり込み先があるわけですから、気兼ねすることなく強気に生きられます。

「自分を看る力」をつければ
豊かに最期を迎えられる。

三〇

ヨーロッパの高齢者に出会って

今から30年前の1988年、老人病院の仲間と一緒にヨーロッパの施設へ視察旅行に行きました。そこで私は、衝撃を受けました。

入所者の平均年齢は80歳を超え、日本とさほど変わらないのに、点滴や経鼻管栄養を受けている人がほとんどいないのです。老化が進行すれば、食事や水分を自分で飲み込めなくなるはずなのに……。

ヨーロッパの施設では、高齢者に口から食べてもらう、飲んでもらうことに重きがおかれていて、噛《か》む力や飲み込む力が低下した人でも食べやすく、食欲をそそるように食事が工夫されていました。さらに、職員が食べ物を口に運び、飲み込むまで時間をかけて介助していました。

そのようにしても、口に入れた食べ物や飲み物を本人が自分の力で飲み込めなくなったら、それ以上のことはしないという説明でした。つまり、日本で普通に行われている点滴や、経鼻管栄養での延命処置はしないということでした。

はっきり言うと、口に入れてもらったものさえ自分で飲み込めなくなったら、それがその人の生きる能力の限界だとみなすということです。そして、それが社会的なコンセンサスだというものでした。

この考え方は、「死」を考えるとき、ひとつの指標になると思いました。

何をもって「死」とするのか

「どういう状態になったら、人間は、もう死んでもいいと思うんだろうね？」

あるとき、私は周囲の人に聞いてみました。


「やっぱり、食べられなくなったらでしょうか？」

「お金が尽きたらかなぁ」

「自分で自分の面倒をみられなくなったとき」

「自分でトイレに行けなくなったら……？」

「生きているのが惨めで恥ずかしいと感じたら」

「たくさんの人に迷惑をかけてまで、生きたくないと実感したとき」

「ひとり暮らしができなくなったのに頼れる人がいない状況かな」
「意識はないのに、人工呼吸器とかで延命措置をされたら……」

具体的なものから、曖昧なものまで答えはさまざまでした。これはあくまでも本人の側からみた答えですが、皆さんも同じではないでしょうか？　一方、家族の立場となると、どういう答えが出てくるのでしょうか。

ヨーロッパの施設にいる高齢者は、口に入れてもらったものを飲み込めなくなった後、次第に空腹感やのどの渇きを訴えることもなくなり、木々が枯れるようにして旅立たれるそうです。

それ以来私も、自分の口に入れてもらったものを飲み込むことができなくなったら、もうそれ以上何もしないでほしい、と自分の家族に伝えています。ただしそのときになったら本当に自分がどう思うかはわかりません。

我が国の場合、食べられなくなったら、点滴や各種の管を使って水分、栄養分を補給します。これは、それをやられる本人のためというよりは、家族を含む、周囲の人のためという側面が強いのは確かです。本人は意識がなくても、周囲の人には別れのための時間が必要だからです。欧米人とは、このあたりの感覚も少し違いますよね。わかってはいても、きっぱりと割り切れない。日本人には、ゆっくりとした別れが必要なのかもしれません。

私の病院でも、口から自分で飲み込めなくなった場合点滴もしますし、ときには胃ろうもします。でも少しずつその量を減らしていくことにしています。点滴による水分補給も1日200～300ccに絞り、胃ろうから入れる水分、栄養分も同様にするのです。こうしてゆっくり最期のときを待つことで、きれいな状態で旅立てます。

このような旅立ちは、ろうそくの灯《あか》りが消えていく……という感じで、極めて厳かです。お別れのつらさよりも、この荘厳さに涙される方も少なくありません。残された側にも、よき余韻が生まれるのです。そういう例をたくさん経験してきました。

「人間には死ぬことよりも、もっとつらいことがある。それは、自分の能力を超えて生かし続けられることだ」

ヨーロッパ視察の際、ある老年科医から聞いた言葉ですが、これに加えて、民族のもつ文化の違いのようなものをふまえてこそ、豊かな死を、逝くほうも見送るほうも迎えられるのではないでしょうか。

この章で述べてきたように、遺影の準備や最期を迎える場所を決めておくこと、死に方の人生設計をすること。そして、**何をもって「死」とするのかについて自分なりの考えをもつこと。**すべて、自分の最期を思う契機になります。

元気なうちにそんな「自分を看る力」を養っておけば、たとえ自分で意思決定できない状況になったとしても、納得して最期を迎えられるのではないでしょうか。

おわりに

この世に生まれた人は、長短は別にして必ず死ぬ運命にあります。にもかかわらず、なんとか長生きしようと努力を重ねてきたのが人類の歴史と言っていいでしょう。今、我が国では生まれた人の8割が80歳過ぎまで生きる、世界に誇る長寿国になりました。人生100年時代と言われるようになった今でも、世の人はさらなる長生きを願っているようにも思います。

では、**長生きをして何をするのでしょうか。**

確かに長生きをすれば、日々進歩し変わっていく世の中を見ることができます。子どもや孫が成長する姿を見る楽しみが続きます。そうでなくても「せっかくここまで生きてきたのだから、とりあえずは100歳を目指す」「やりたいことは特にないけれど死にたいとも思わない」という声も耳にします。

案外、長生きにそう難しい理由も動機も必要ないのかもしれません。一方で、長生きすればするほど、伴侶や兄弟、家族の死、子どもや孫の不運や不幸に出合う確率が高くなります。そんな現実を受け止める覚悟も必要です。

長

人生の下り坂は案外気楽

生きして老いるということは、気力、体力、能力ともに下り坂の日々を歩むことです。日を追っていろいろなことができなくなります。

でも、こう考えてみてはどうでしょう。やりたくもない勉強や強制されての仕事、今さら結婚をして子育てをせよというわけでもない。私ごとで言えば、先行き不透明ななかで借金をしてイチから病院を立ち上げなくていい。

早い話が、案外気楽。

やりたいことをやりたい形でやっていれば、そのうち終わりがきます。つまり、考えようによっては今が人生でもっともよい時期なんです。

だからこそ、**やりたいことがあるなら今すぐ、万難を排してやるべきです。**今日できることは明日できなくなる。そう、うっすらとでもわかってくれれば、やり残していることをやるために、自ら考えて準備して、行動するでしょう。心身の衰えだって、「へえ、歳をとるとこんなことまでできなくなるんだ」と、その変化を面白がってみればいいんです。

人間、ずっと生きなきゃいけないとなったら大変です。だけど、ご安心ください。高齢者なら来し方より行く末の方がはるかに短い。人生はいつか必ず終わります。

私の好きな本にデール・カーネギーの『道は開ける』があります。「あなたが悩んでいることの99パーセントは、実際には起きない。つまり起きもしないことを心配している。万が一、その1パーセントのことが起きたとしても、必ずなんとかなる」。うろ覚えですが、だいたいそんなことが書いてあるはずです（笑）。歳をとって、ますますそのことを実感します。

起きないことを心配するより、もっと気楽に「今」を楽しみましょう。「非まじめ老後」とはそういう生き方です。そう考えたら、あれこれ思い煩うことなく、楽しく穏やかな老後を過ごせると思うのです。

最後に、この本の編集に尽力くださったＰＨＰエディターズ・グループの綿ゆりさんと構成・執筆を担当してくださった田中美保さんに心より感謝いたします。田中さんは、阿川佐和子さんとの共著『看る力』でもお世話になり、あのとき私に出会ったのが運の尽き（笑）、今回も担当していただくことになりました。

私の好き勝手な要望（まさに非まじめ老人です）に、48時間にわたる完全徹夜をしようが風邪をひこうが、最後まで粘り強くつきあってくださった田中さん。そして、静かな口調ながら編集者としての意図をビシッと伝え、導いてくださった綿さん。このふたりの女性がいなければ、この本は完成しませんでした。本当にありがとうございました。

大塚宣夫

大塚宣夫

おおつか・のぶお

医師。1942年、岐阜県生まれ。1966年、慶應義塾大学医学部卒業後、1967年に同大学医学部精神神経科学教室入室。1968年より井之頭病院に精神科医として勤務。フランス政府給費留学生としての2年間のフランス留学を経て、1980年に青梅慶友病院を開設。2005年、よみうりランド慶友病院を開設し、現慶成会会長。医療や介護の常識に縛られず、高齢者の「生きる楽しみ」を優先した病院作りを実践する。著書に『人生の最期は自分で決める』(ダイヤモンド社)、阿川佐和子さんとの共著『看る力』(文藝春秋)がある。

医者が教える非まじめ老後のすすめ

2019年1月11日　第1版第1刷発行
2022年4月21日　第1版第10刷発行

著　者　大塚宣夫
発行者　岡　修平
発行所　株式会社PHPエディターズ・グループ
〒135-0061　江東区豊洲5-6-52
☎03-6204-2931
http://www.peg.co.jp/
発売元　株式会社PHP研究所
東京本部　〒135-8137　江東区豊洲5-6-52
普及部　☎03-3520-9630
京都本部　〒601-8411　京都市南区西九条北ノ内町11
PHP INTERFACE https://www.php.co.jp/
印刷所
製本所　図書印刷株式会社

ISBN978-4-569-84218-9